Susan Piver

El eneagrama budista

Las nueve sendas para ser un guerrero

Traducción de Miguel Portillo

Título original: THE BUDDHIST ENNEAGRAM
Nine Paths to Varriorship

Revisión: Alicia Conde

Fotocomposición: Grafime Digital S.L. 08027 Barcelona
Diseño cubierta: Editorial Kairós
Imagen cubierta: Figura de eneagrama sobre mandala de Heruka, Tíbet
Foto autora: Lacey Melguizo
Impresión y encuadernación: Índice. 08040 Barcelona

Primera edición: Junio 2023
ISBN: 978-84-1121-137-6
Depósito legal: B 9.123-2023

Este libro ha sido impreso con papel que proviene de fuentes respetuosas con la sociedad y el medio ambiente y cuenta con los requisitos necesarios para ser considerado un «libro amigo de los bosques».

Para Crystal, que leyó este libro
antes de que fuera escrito

Sumario

Prefacio 9
Introducción 13

¿Cuál es el origen del eneagrama? 17
Cómo sacarle el máximo partido a este libro 27
El eneagrama budista 39
Facetas del eneagrama 55

UNO: El Guerrero del Esfuerzo 85
DOS: El Guerrero del Amor 103
TRES: El Guerrero de la Realización 123
CUATRO: El Guerrero de la Poética. 143
CINCO: El Guerrero de la Visión Clara 163
SEIS: El Guerrero de la Verdad 181
SIETE: El Guerrero de la Magia. 195
OCHO: El Guerrero de Poder 211
NUEVE: El Guerrero de la Presencia 225

Cómo conocer tu tipo 243
El eneagrama como senda 247
Epílogo. 259

Preguntas frecuentes 265

APÉNDICE A: Cómo encontré mi tipo 273
APÉNDICE B: La teoría direccional horneviana 283
APÉNDICE C: Los *bodhisattvas* del eneagrama 287
APÉNDICE D: Lecturas adicionales 295

Agradecimientos 297

Prefacio

> Hablamos del principio del mandala desde el punto de vista del mapa de la iluminación.
>
> CHÖGYAM TRUNGPA RIMPOCHÉ

De pequeña hablaba con números. Me parecía bastante normal.

La cama de mi infancia estaba en un rincón de la habitación, bajo una ventana. En las mañanas soleadas, me tumbaba allí y observaba cómo las motas de polvo circulaban bajo la luz. Flotaban, se mezclaban, se desplazaban, desaparecían y reaparecían. Era un extraño placer estar con ellas. En algún momento, las motas se convirtieron en números. Los números flotaban y se mezclaban, derivaban, desaparecían y reaparecían, a veces solos, a veces con otros números. Se organizaban en diseños que surgían y se deshacían, surgían y se deshacían. Había un movimiento interminable y un significado interminable del movimiento. Los números se enzarzaban en un juego incesante y, por un golpe de suerte, mi mente formaba parte de esta extraña coreografía. Los números se sentían como amigos que se burlaban de mí, compartían ideas, se sumían en un cómodo silencio y ofrecían enseñanzas sin palabras. No fue hasta que descubrí el eneagrama, un sistema fascinante que describe nueve tipos de personas, que obtuve una visión adicional de lo que podría significar todo esto.

El eneagrama es un complejo mandala hecho de números. Está dividido en partes que, en conjunto, expresan un único universo, pero, al igual que experimenté en mis ensueños infantiles, el significado principal existe en la interacción siempre cambiante. Aunque es tentador pensar: «Disfruto de la soledad», «Debo ser un Cinco» o «Todos los Dos son generosos», tales pensamientos privan al sistema de su verdadera magia, que consiste en conectarnos con una visión que va más allá de los modelos convencionales de comprensión. Esto es lo que lo convierte en un sistema espiritual, que muestra quién eres realmente, lo que incluye –pero va mucho más allá– tu personalidad. Con el eneagrama, nos desligamos de la despiadada rueda de la superación personal para ver lo que ya es perfecto, en nosotros mismos, en los demás y en cada momento. Este es un viaje de guerrero. Hace falta valor para ver lo que no podemos ver en circunstancias normales. Espero que este libro te ayude a hacerlo.

Esta obra es el resultado de mi investigación durante décadas sobre el eneagrama y el budismo. Se han mezclado en mi mente para crear la amalgama que sigue. Es importante reconocer por adelantado que las ideas en este libro son, hasta donde yo sé, mías y solo mías. Esa es la buena y la mala noticia: buena, porque puede ofrecer algo nuevo; mala, porque puedo equivocarme. Nunca se sabe.

Espero que sepas lo que estoy insinuando: no te fíes nada de mi palabra. No insisto lo suficiente en cuán en serio lo digo.

Por favor, considera lo que aquí se dice y luego investígalo por ti mismo. Lo que encuentres verdadero y/o útil es ahora tu propia sabiduría, y puedes olvidarte de mí. Lo mismo ocurre con lo que te resulte imposible corroborar. Ignóralo… y olvídate de mí. De hecho, olvídate de mí por completo y simplemente escucha tu propia mente sabia.

Susan Piver
22 de marzo de 2022 | Austin, Texas

Introducción

Una vez trabajé estrechamente en proyectos creativos con un brillante y consumado colega. Cada vez que se me ocurría una nueva idea, él me señalaba inmediatamente por qué no iba a funcionar. Me iba de cada reunión sintiendo una combinación de vergüenza por mis estúpidas ideas y rabia hacia él por no reconocer mi genio secreto. Los proyectos creativos implican muchas reuniones de reflexión, experimentación y ensayo y error. No había lugar para nada de eso. Me desesperaba la idea de encontrar una manera de trabajar juntos… hasta que me di cuenta de que él era un Seis en el eneagrama. Los Seis están preternaturalmente sintonizados con el peligro. Suponen que hay una amenaza oculta en cada situación y siguen buscando hasta que la encuentran. En el momento en que lo comprendí, dejé de contarle mis ideas hasta que estuvieran un poco más formadas y quise saber qué podía salir mal, un puente esencial que cruzar en cualquier esfuerzo creativo. Una vez que vi que él era la persona perfecta para hablar, no en la etapa de germinación, sino en la fase de ejecución de nuestras ideas, la agitación en nuestra dinámica desapareció. Vi que mis reacciones anteriores hacia él estaban arraigadas en mi propio tipo (Cuatro), y no en sus respuestas.

Esta capacidad de distinguir entre su presencia y mis percepciones de esa presencia tiene realmente el poder de cambiar el mundo. Cuando puedo poseer mis sentimientos como generados por mí (no por ti), puedo trabajar con ellos (y contigo) mucho más hábilmente para apaciguar, amplificar, ignorar o desmantelar la situación, lo que resulte apropiado. Sin esta capacidad, sigo atrapada en la rueda del hámster del ensimismamiento, siempre persiguiendo mi razón y atribuyéndome errores.

Cuando nuestras diferencias pueden apreciarse como superpoderes alternativos en lugar de como insultos personales, las dinámicas difíciles se desvanecen. Podemos asumir el papel que nos corresponde en cualquier cosa que hagamos juntos, ya sea en el amor, en el trabajo, en la preparación de la cena o en la salvación del planeta.

Esta es la brillantez del eneagrama. Nos permite vernos a nosotros mismos y a los demás con claridad. Señala el camino hacia los medios hábiles. Nos muestra cómo amar.

El eneagrama como senda hacia el amor

Al igual que mi colega Seis prestó atención a las posibles trampas primero y a todo lo demás después, cada eneatipo tiene un arco de atención muy particular. Al entrar en una nueva situación, por ejemplo, cada eneatipo se centrará en algo diferente. A grandes rasgos, la atención del Uno se dirigirá al error. La atención de Dos se dirigirá a la necesidad. Los Tres atenderán al estatus, los Cuatro al significado o la intensidad, los Cinco a los puntos de información, los Seis a la amenaza, los Siete al placer, los Ocho al poder y los Nueve a la comodidad. Todos sabemos prestar atención a estas cosas, pero cada uno de nosotros se siente atraído de forma singular por una de ellas. Hasta que no conocemos nuestras diferencias, asumimos de forma natural que lo que nos parece importante es lo que todo el mundo debería notar también en primer lugar. Es desconcertante que no lo hagan. Pero cuando puedes ver hacia dónde se dirige la atención de los demás, puedes encontrarte con ellos ahí, en lugar de descartarlos por, bueno, no ser tú.

Como ya he dicho, yo soy una Cuatro. Mi marido es un Uno. Mi atención se dirige al significado. Trato de usar mi discernimiento para entender lo que está sucediendo, no para cambiarlo, particularmente, sino para nombrarlo. Triste. Rocoso. Distante. Sofocante. Útil. Extraño. Hay algo en poder etiquetar los aspectos más sutiles de un sentimiento, una conversación o un problema que me reconforta. Nosotros los Cuatro encontramos nuestro camino sintonizando con los matices.

Los Uno prestan atención a algo totalmente diferente. En lugar de volverse hacia el interior para nombrar los tonos de los sentimientos, los Uno se preocupan por lo correcto y lo incorrecto. Lo que se hace bien o mal. Lo que es conforme o no conforme a las normas. Lo que es tranquilizador para un Cuatro puede ser irritante para los Uno, que navegan por las dificultades mediante una brújula moral.

¿Qué ocurre cuando una Cuatro y un Uno se enzarzan en una discusión? Los Cuatro quieren que comprendas el sabor de lo que sienten y su interpretación de los acontecimientos, no para resolver problemas, sino para mezclar las mentes y corazones. Si puedo dar a conocer mis sentimientos y observaciones y percibir que están en sintonía con mi experiencia interior, me siento segura. Ya estamos a mitad de camino para resolver el problema.

Los Uno no tienen eso. Lo que mi pareja Uno quiere saber no es por qué me siento como me siento o cuántos matices de gris puedo descubrir para describirlo perfectamente (que sí puedo); quiere saber si veo lo que fue mal o, más exactamente, si veo lo que él ve que fue mal. Esto le hace sentirse seguro.

Quiero saber si entiende mi experiencia interior. Quiere saber si comparto sus juicios. Son formas muy diferentes de encontrar un punto de apoyo en un desacuerdo.

Para tener una conversación útil sobre nuestras desconexiones, es muy útil que, al principio, reconozca que he cometido un error. El mío, el suyo, el nuestro, el que sea: «He interpretado mal lo que has dicho», «Si lo hubieras dicho así, te habría entendido mejor», «Intentamos hablarlo cuando ambos estábamos cansados; no fue una gran idea». Estas cosas no me preocupan especialmente, pero cuando puedo comunicarle que también encuentro valor en detectar los errores, reconocer los pasos en falso o determinar el momento exacto en que comenzó el problema, siento que se relaja. Por el contrario, si dice: «Tengo curiosidad sobre lo que sientes en este momento» o, simplemente: «Cuéntame más», me relajo. En este sentido, saber y, lo que es igual de importante, aceptar que el punto de vista y el conjunto de preocupaciones del otro son tan válidos como los propios, abre puerta tras puerta al corazón del otro.

¿Cuál es el origen del eneagrama?

Es muy natural preguntárselo. ¿De *dónde* viene el sistema del eneagrama? Buena pregunta. He buscado la respuesta por todas partes.

Algunos afirman que viene del sufismo. Hace aproximadamente una década, localicé a un renombrado erudito sufí (y jeque) y le pregunté si conocía el eneagrama. Había oído hablar de él, pero solo fuera de los círculos sufíes. No había surgido en absoluto en sus décadas de práctica y estudio, por lo que no conocía ninguna razón para pensar que estuvieran conectados. Ya sé que ese es un caso. Otros maestros sufíes podrían haber dicho lo contrario. Además, existe una larga tradición en los linajes esotéricos de permanecer opacos ante quienes hacen preguntas desde la ingenuidad y no desde un interés más informado en la respuesta. Se dice que los maestros zen te cierran la puerta en la cara tres veces antes de admitirte en el *zendo*. En algunas formas de judaísmo ortodoxo, los posibles conversos deben ser rechazados severamente tres veces antes de que sea posible una conversación (esa cuarta vez debe ser el encantamiento universal). Los locos maestros de sabiduría del budismo tibetano son conocidos por todo tipo de bromas y travesuras (y cosas peores) en presencia de ingenuos. Así que es totalmente posible que a alguien como yo, que se presente con preguntas interesadas y sin conocimientos sobre el sufismo o el islam, se le pueda decir, bueno, cualquier cosa en el espíritu de: «No me molestes hasta que realmente entiendas lo que estás pidiendo y conozcas lo suficiente sobre mi tradición para preguntar con respeto y reverencia».

En cualquier caso, posteriormente localizó y me envió un fascinante pasaje del Corán que describe los «nueve tipos de hombres». Estos son:

- *At Taibun*: los que se arrepienten.
- *Al Abidun*: los que Le adoran.
- *Al Hamidun*: los que Le alaban.
- *As Sa'ihun*: los que viajan.
- *Ar Raki'un*: los que se inclinan.
- *As Sajidun*: los que se postran.
- *Al Amirun Bil Ma'rouf*: los que fomentan el bien.
- *An Nahun 'An El Munkar*: los que prohíben lo que es censurable.
- *Al Hafizun Li Hudud Allah*: aquellos que son los guardianes de todas las leyes divinas.

Esto es lo más lejos que he llegado en la conexión directa del eneagrama con el sufismo (lo cual no es decir mucho, me doy cuenta).

El origen del eneagrama, hasta donde he podido averiguar, es el siguiente:

La primera persona conocida que enseñó el sistema fue George Gurdjieff, un filósofo-místico ruso de ascendencia greco-armenia que murió en 1949. Lo enseñó a sus alumnos como medio para comprender los ciclos naturales de la existencia, no como tipificación de la personalidad. Decía que conoció el eneagrama a través de la misteriosa Hermandad Sarmoun (a veces escrita Sarmoung), quizá situada en el norte de Afganistán. Según todos los indicios, Gurdjieff encarnaba el camino de la loca sabiduría, lo que significa que podía decir cualquier cosa en cualquier momento con la intención, presumiblemente, de atravesar los engaños (si quieres saber más sobre su encuentro con la Sarmoun, está escrito en sus *Encuentros con hombres notables*).

Veinte años después, un místico boliviano llamado Óscar Ichazo comenzó a enseñar el eneagrama (o eneágono, como él lo llamaba) como un sistema de la personalidad. La historia, según he oído, es que canalizó todos los detalles desde el más allá; le llegaron como una revelación inspirada en la conversación y el estudio con un círculo de maestros de sabiduría que suenan extrañamente similares en naturaleza a la Hermandad Sarmoun. Además, el santo Metatrón estaba involucrado.

Uno de los estudiantes de Ichazo fue un psiquiatra chileno llamado Claudio Naranjo. Naranjo estudió bastante profundamente con Ichazo y se embarcó en un viaje espiritual que lo transformó para siempre. En la década de los 1970, Naranjo llegó a Harvard como becario Fulbright. Finalmente se instaló en la Universidad de California en Berkeley, donde comenzó a compartir el eneagrama con los estudiantes, pero solo verbalmente. Se desaconsejaba escribirlo, pero algunos de sus alumnos, que rogaban que lo hiciera, lo escribieron de todos modos; mucha gente (incluyéndome a mí) leyó esos libros, y aquí estamos.

Según tengo entendido, Naranjo hizo algo más que compartir lo que había aprendido de Ichazo; añadió y refinó las descripciones de la personalidad y los subtipos. Ichazo se marchó y creó su propia escuela, con su parte de brillantez y controversia. Según algunos testimonios, no era una gran idea acercarse a él, pero como nunca lo hice, no puedo corroborarlo.

Naranjo era una figura más accesible. Para mí, sus enseñanzas sobre el eneagrama son, de hecho, el núcleo de lo que hoy sabemos sobre el sistema. Cada libro, *podcast*, taller y programa de liderazgo basado en el sistema del eneagrama tiene una deuda de gratitud con él, que es la figura clave (o lo era: falleció en julio de 2019, una gran pérdida).

En mis propias contemplaciones del eneagrama, y como alguien a quien le gusta llegar al fondo de las cosas en lugar de proceder a base de insinuaciones, nociones académicas o sabiduría convencional (pues vaya), supe que Naranjo, el precursor del eneagrama actual era probablemente la única persona en el mundo que podía responder a la pregunta: «¿De dónde viene realmente el eneagrama?». Hace unos 10 años, le envié un correo electrónico y le pregunté si podía reunirme con él. Le expuse mis argumentos para la visita de esta manera:

La mayor parte de mi vida de práctica y estudio ha sido dentro de un linaje tibetano particular conocido como Ñingma, que es una de las cuatro escuelas principales del budismo tibetano: Ñingma (la escuela antigua), Kagyü (el linaje que susurra al oído), Sakya (escuela de la tierra pálida) y Geluk (escuela del Camino Virtuoso). Cada escuela tiene una visión particular del viaje espiritual y hace hincapié en diferentes métodos. Por ejemplo, la escuela Kagyü está muy orientada a la práctica, lo que significa que la meditación tiene prioridad, mientras que la escuela Geluk, en la que la meditación es ciertamente importante, también pone gran énfasis en el estudio y el dominio de los textos eruditos.

Descubrí que Naranjo también era estudiante de la escuela Ñingma, así que, aunque estudiábamos versiones diferentes de las mismas enseñanzas, estábamos algo relacionados. Además, dentro de la tradición Ñingma (así como en otras formas de budismo Vajrayana), hay enseñanzas sobre las variedades de temperamento, llamadas las Cinco Sabidurías del Buda. Al igual que el eneagrama, las Cinco Sabidurías postulan que tus dificultades y tu genio son una sola pieza, y que ambas proporcionan un camino hacia la liberación completa. Eso me animó aún más a querer hablar con él, en parte porque me proporcionó una excusa para solicitar una visita que no fuera la de «Tengo que hablar con usted y no estoy loca, lo prometo». En el correo electrónico, le dije que estaría en Berkeley y le pregunté si podía pasar a verlo. Le hablé de mis estudios sobre el budismo y el eneagrama, y le dije que me gustaría hablar con él sobre el eneagrama y las Cinco Sabidurías del Buda para que me diera su opinión sobre cómo se pueden perfilar y relacionar entre sí (alerta de *spoiler*: confirmó que podían correlacionarse y que ya había creado ese mapa. Aceptó compartir sus ideas conmigo por escrito, pero me dijo que yo no podía compartirlas con nadie. Así que nunca lo he hecho). Cuando aceptó verme, reservé inmediatamente un billete de

Boston a San Francisco porque, por supuesto, no tenía planes de visita. Hasta que lo hice.

Llegué a su casa, que era como entrar en otra dimensión. Había gente joven por todas partes: sentados frente a los ordenadores, haciendo algo que implicaba mirar la pantalla muy concentrados y luego teclear furiosamente. En el salón, dos sillones enfrentados, como corresponde a un psiquiatra. El resto del mobiliario eran libros, pilas y pilas de libros. Libros, por todas partes. Nos sentamos y pasamos unas dos horas conversando. Le pregunté sobre los orígenes del sistema, específicamente por qué la gente decía que venía del sufismo. ¿Su respuesta? Dijo que sus alumnos de los años setenta le daban tanto la lata con la pregunta sobre el origen que al final dijo «Sufismo» solo para hacerles callar. Nos reímos. Luego salió de la habitación y volvió con un artículo de un periódico europeo sobre la búsqueda de una hermandad secreta por parte de un periodista en las montañas de Afganistán/Pakistán. Me leyó el artículo, salió de la habitación sin comentar nada para devolverlo al lugar de donde vino, volvió y se sentó de nuevo frente a mí. No dijimos nada durante unos minutos. Entonces le dije: «Siempre he pensado que el eneagrama era un *terma*». Él respondió: «Nunca lo había pensado, pero sí, es cierto» (y aunque mi propio maestro de meditación, Sam, dice sin ambages que es inapropiado utilizar la palabra *terma* fuera de un contexto budista, eso es lo que dije).

En la tradición Ñingma del budismo tibetano, *terma* («tesoro oculto») es una idea central. Cuando el gran sabio indio Padmasambhava llegó al Tíbet en el siglo VIII o IX para enseñar budismo a petición del rey Trisong Detsen, según la tradición, fue incapaz de descargar la totalidad de su realización. Había demasiado que abarcar. Así que, por su gran sabiduría y compasión, él y su consorte, Yeshe Tsogyal, ocultaron las enseñanzas, con la intención de que fueran descubiertas en el futuro, cuando fuera el momento adecuado.

Hay dos tipos de *terma*. El primero es el *terma* terrestre, que se refiere a las enseñanzas ocultas en la naturaleza: en los lagos, en los cristales, en lo alto en los árboles, en el cielo, en las montañas. Hay historias increíbles de grandes lamas que caminan por la vasta topografía del Tíbet y de repente cogen una piedra y la tiran al suelo para descubrir un pergamino u objeto sagrado. El segundo tipo de *terma* se conoce como *terma* mental, y se refiere a las enseñanzas ocultas dentro de la corriente mental de una persona corriente. Me atrevo a decir que todos hemos tenido la experiencia de descubrir una versión de tesoro mental. Cuando escuchas algo por primera vez y te resulta muy familiar, como algo que conocías pero que habías olvidado que sabías..., cuando lees algo que has escrito y te preguntas quién lo ha escrito..., cuando sabes cómo responder a alguien que ni siquiera ha formulado la pregunta... Todo esto tiene el sabor de *terma* mental: algo que ya estaba en tu mente. Tales tesoros parecen estar completamente formados, esperando a ser descubiertos, sin tener nada que ver contigo, pero no podrían haber surgido sin ti.

El eneagrama es como un *terma* en el sentido de que es totalmente inencontrable en cualquier sentido convencional, nunca puede comprenderse por completo y siempre hay un nivel más profundo que explorar. Siempre. Si has descubierto una forma de sabiduría ancestral que te habla, sabes a lo que me refiero (en mi caso, cada vez que creo que comprendo incluso la más mínima enseñanza budista, en cuanto doy un paso en dirección a esa comprensión imaginada, el terreno cede para revelar un espacio mucho más amplio del que me podría haber figurado. De alguna manera, las enseñanzas más profundas se descubren cuando el terreno cede).

Esta es la mejor manera de describir el eneagrama. Por lo que sabemos, nadie lo inventó, a pesar de Gurdjieff, Ichazo, Naranjo y otros. El trabajo de cada uno tiene tal completitud que parecen universos perfectos más que obras escritas. El eneagrama puede aplicarse en todas partes, pero no se le atribuye nada. De este modo, todos podemos ser considerados coautores del sistema.

Que Claudio Naranjo dijera «no se me había ocurrido» fue sorprendente. Por un momento pensé que quizás él y yo éramos las únicas personas en el mundo a las que su ignorancia confesa les resultaba graciosa. Pero antes de que pudiera reírme, dijo: «¿Te gusta la comida china?». Y salimos a cenar.

Eso fue básicamente todo. La puerta del mundo de Naranjo se cerró. Los esfuerzos posteriores para llegar a él no fueron respondidos, aunque yo lo he llevado en mi corazón desde ese día como un respetado amigo espiritual.

No tengo ni idea de si lo que me dijo era cierto, falso, verdadero en el momento, o algo que pretendía hacerme callar. Como se ha dicho, no es raro que los grandes maestros ofrezcan respuestas oscuras o incluso confusas para obligar al estudiante a usar su propia inteligencia para descubrir la verdad.

Descansa en paz y poder, querido, inescrutable y brillante Claudio Naranjo. Donde quiera que estés, que no recibas más preguntas que prefieras no responder, y que todos los que llamen a tu puerta sean auténticos buscadores de la verdad, dignos de tu sabiduría.

Cómo sacarle el máximo partido a este libro

En este libro examinaremos cada uno de los nueve eneatipos. Resulta tentador considerar cada uno de ellos como una amalgama de una simple lista de cualidades. ¿Le gusta dar consejos? ¡Debe ser un Dos! ¿Centrado en los logros? ¡Debe ser un Tres! ¿Rápido a la hora de desconfiar? ¡Debe ser un Seis! ¿Propenso a evitar los conflictos? Debe ser un Nueve. Es posible. Pero estas cualidades podrían utilizarse fácilmente para describir a cualquier persona. No es tan sencillo como utilizar una lista de comprobación o cualquier otro tipo de evaluación prefabricada para determinar el tipo. Cualquiera puede ser conocido, por ejemplo, por dar consejos. Pero ¿cuál es la motivación? Si es para introducirse en la vida de otra persona como confidente necesario, la persona puede ser efectivamente un Dos. Sin embargo, si es para corregir una mala acción, tal vez la persona sea un Uno. Y si la motivación es ayudar a la persona a disfrutar más de la vida, podríamos estar ante un Siete. Crear un gancho emocional, centrarse en la ética y señalar los placeres potenciales son motivaciones diferentes. No basta con revisar las cualidades de cada tipo y luego tomar una decisión. Eso es demasiado conceptual. Cuando se estudia el eneagrama, no debe utilizarse para crear nueve guetos o cualquier otro tipo de dispositivo utilizado para atrapar a los demás estereotipándolos. Más bien, es una forma de liberarte a ti mismo y a los demás de tus propias proyecciones mentales. Prométeme que lo recordarás.

Para descubrir el tipo, has de saber que los nueve eneatipos son más parecidos a nueve sabores que a un conjunto de descriptores. Puedes enumerar todos los atributos de una fresa, por ejemplo: es brillante, ácida, roja, veraniega..., pero nada puede sustituir a comerse una fresa para transmitir lo que realmente es. Los tipos del eneagrama son así. Puedes notar todas las cualidades del mundo en ti mismo o en otra persona, pero al igual que comer una fresa, no hace falta más explicación para transmitir la esencia.

No obstante, como no puedo ir a tu casa con un carrito de la compra lleno de sabores, tenemos que empezar por los conceptos. A medida que vayas leyendo los distintos descriptores de los tipos, ten en cuenta que solo son directrices, y ten paciencia mientras el sistema empieza a revelarse a sí mismo. Lo hará.

Nota: es natural que quieras empezar a leer sobre tu propio tipo, si ya lo conoces. Puedes pasar a esa sección si lo deseas, pero has de saber que es conveniente leer cada número. Cada uno emana un estilo de sabiduría que puede enseñarnos algo importante sobre el viaje espiritual.

El eneagrama es espiritual, no autoayuda

Dado que el eneagrama es un cuerpo de conocimiento vasto y profundamente vivo, se adapta fácilmente a otros sistemas de pensamiento. Puedes verlo a través de la lente de la psicología (que es como se utiliza más a menudo) como un dispositivo terapéutico o prescriptivo para ayudarte a identificar los niveles de salud psicológica o mejorar las relaciones. Los autores cristianos lo han enseñado como una forma de vivir una vida más sagrada a la luz de los valores bíblicos. Se ha ofrecido como complemento de estudios del no dualismo («El eneagrama es lo que no eres», dice Eli Jaxon-Bear, practicante de Advaita y profesor del eneagrama). Se ha descrito como un camino hacia un profundo despertar espiritual, independiente de cualquier tradición religiosa. Últimamente, se ha presentado como el juego de salón más absurdo del mundo, como «qué postre pediría cada tipo del eneagrama» o «tácticas de organización del hogar por tipo» (en el momento de escribir este artículo, la empresa de pinturas Sherwin-Williams ofrece una «paleta de colores inspirada en el eneagrama»). La cuestión es que puedes mirar el sistema a través de casi cualquier lente y será, de varias maneras, poderoso, de apoyo, alentador o tonto. Por lo que sé, el eneagrama quiere ser amigo de todas las cosmologías.

Durante tres décadas, he estudiado budismo Vajrayana, que tiene su propia cosmología, excepcionalmente vasta, complaciente, confusa y poderosa. Al igual que el eneagrama, es a la vez muy específica y profundamente inescrutable. Por inescrutable, quiero decir que cuanto más lo estudias, más te das cuenta de que realmente no sabes nada (esto me parece enormemente digno de confianza).

El budismo está asociado a la compasión. Hay innumerables enseñanzas y prácticas para profundizar en la capacidad de ser compasivo. En los últimos treinta años, desde que me hice budista, he estado expuesta a una pequeña selección de ellas. He intentado y fracasado y vuelto a intentar ser más compasiva conmigo misma y con los demás. Este esfuerzo me ha gratificado, mortificado e irritado. De vez en cuando, he hecho algún progreso. Cuando me encontré con el eneagrama, ese progreso se aceleró considerablemente. Me dio instrucciones directas y específicas sobre cómo enfrentarme a mi mundo con un corazón abierto, no por principio, sino con directrices reales. Quizá, más que cualquier otra cosa, el eneagrama es una guía de campo para vivir una vida plenamente compasiva. Explica cómo desplegar *upaya* o «medios hábiles».

Los «medios hábiles» se refieren a cualquier cosa que aumente la probabilidad de compasión, desde ofrecer una visión profunda hasta simplemente escuchar a alguien o incluso apartarse para cortar la comunicación. Cada uno de estos podría ser justo lo que se necesita. Emplear medios hábiles es permanecer despierto y en sintonía con cada momento para captar señales y posibilidades únicas. Los medios hábiles crean un puente entre lo que practicas y estudias y lo que haces. Es decir, una cosa es llegar a una comprensión intelectual de la benevolencia o la paciencia y otra muy distinta es aplicar esa comprensión a tus acciones, decisiones y comunicaciones. En mi caso, puedo salir al mundo con las mejores intenciones –ser amable, complaciente, tolerante, etc.– hasta que alguien me malinterpreta, me critica o me trata injustamente, momento en el que sencillamente lo saco de mi corazón de forma permanente. Para emplear *upaya*, hay que permanecer abierto y flexible. Sin embargo, ordenarme a mí misma, mantenerme abierta y flexible, realmente no me lleva muy lejos.

En los momentos de gran desconexión (de mí misma, de los demás, del mundo), el eneagrama me ha ayudado a permanecer abierta y perspicaz. Este sistema es el medio hábil más potente que he encontrado y, como tal, encaja con mi práctica budista y la amplía. Me permite (y a ti también, por supuesto) aportar una visión excepcionalmente matizada de la forma de tratarse a uno mismo (que es donde empieza la compasión) y a los demás. Te permite ver a los demás al margen de tus gustos, aversiones, opiniones y juicios. ¿Qué necesita el mundo más que esto?

En los últimos años, el eneagrama ha aumentado su popularidad. También lo ha hecho la meditación budista en Occidente. De hecho, han tomado caminos vagamente paralelos en la última década. Ambos han pasado de ser considerados como actividades fatigosas y propias de una moda pasajera a facilitar nuevos descubrimientos respaldados por la ciencia (en el caso de la meditación) o la religión (en el caso del eneagrama).

Para nosotros, en Occidente, si una escuela de pensamiento se presenta sin el respaldo de la ciencia o la religión, tendemos a mirar hacia otro lado. Para la mayoría de nosotros, una se considera necesaria mientras que la otra es interesante en el mejor de los casos y sospechosa en el peor. No sé exactamente por qué, pero quizá tenga que ver con el miedo a lo desconocido, a la sabiduría que va más allá del pensamiento convencional, a las ideas que desplazan, en lugar de afianzar, las nociones preconcebidas.

Queremos profundizar espiritualmente, pero queremos sentirnos seguros.

Queremos una visión verdadera, pero solo si no nos lleva demasiado lejos de lo que ya pensamos.

Queremos abrir nuestro corazón y nuestra mente, pero solo si nos sentimos bien.

Lo entiendo. Quiero sentirme segura, inteligente y bien. Me sorprendo priorizando esos deseos y necesidades en casi todos los momentos de mi vida, a pesar de los votos budistas y los compromisos de compasión y servicio, especialmente en esta época tan difícil en la que todo parece pender de un hilo: la democracia, la justicia, la libertad y la vida misma. He pasado muchos días y noches metiéndome en mi propio caparazón, incluso cuando toda mi formación me indica que me incline hacia mi experiencia en lugar de alejarme de ella. El eneagrama me ayuda a estar conectada con el mundo. Nunca me canso de pensar en ello.

No escabullirse

Aunque las escuelas de la antigua sabiduría perenne nos muestran cómo afrontar nuestro propio sufrimiento y el de los demás, es posible que intentemos utilizar esas enseñanzas para escapar del mismo. Esto no tiene nada de malo a corto plazo. Tales formas incluyen la reducción del estrés, la vuelta al equilibrio interior, la búsqueda de algunos momentos de paz interior y el recuerdo de la propia conexión con lo divino. Estas son cosas buenas.

Pero entonces, ¿qué? ¿Por qué realizas estas prácticas? En algún momento te das cuenta de que no puedes entrar en un estado de tranquilidad y conexión y luego congelarte. Tómate un respiro. Serás continuamente expulsado de ese refugio, ya sea por bebés gritones, misiones fallidas, injusticias enfermizas, sentimientos heridos, pérdidas impensables, decepciones grandes y pequeñas, y todo tipo de giros equivocados. Es natural querer dar la vuelta y volver a las prácticas que te ayudaron a sentirte mejor. Sin embargo, entonces te das cuenta de que el mundo se hace cada vez más pequeño. Hay menos lugares a los que ir en los que no existe la posibilidad del dolor (de hecho, no hay ninguno). Hay menos personas con las que conectar. Hay más reticencia a alejarse demasiado del cojín, el santuario o el taller. La sensibilidad aumenta mientras la dureza disminuye. Y si no has tenido la posibilidad de establecer ninguna forma de zona de confort espiritual, ¿qué se siente al ser invitado a encontrarte con esta vida tal y como eres?

En esos momentos, como practicantes espirituales, tenemos dos opciones.

La primera opción es separarse aún más. Convertirse en monje o monja, o lo más parecido a estos que tu vida te permita. Cerrar las entradas. Simplificar las necesidades. Limitar las relaciones a un pequeño círculo de buscadores afines. Dedicar todo el tiempo posible a la oración, la meditación, el servicio y el estudio. Dar la espalda a las cosas de esta vida para centrarte en tu relación con lo divino. Esta es una opción perfectamente fantástica (una que suena cada vez mejor a medida que la escribo).

La segunda opción es ir en la dirección exactamente opuesta. Profundizar en las cosas de este mundo. Comprométete más ferozmente con el amor, el trabajo y el dinero. Amplía tu círculo de conocidos para incluir a extraños y enemigos. Viaja más y más lejos aún. Corta lo que te ata a la seguridad (con habilidad, no por reflejo). Vuelve una y otra vez a tu práctica espiritual, no como un oasis, sino como una estación de servicio. Esto se llama el camino del padre de familia, y es tan sagrado y poderoso como el camino monástico. Tal y como me han enseñado, el camino del cabeza de familia no es un camino solo para laicos. Es igual de probable que conduzca a la liberación total del sufrimiento, aunque con muchas más partes en movimiento. Si los monásticos parecen serenos y ecuánimes, los amos de casa sollozan, rabian, se ríen y muestran confusión, deseo y frustración. La serenidad y ecuanimidad sirven al monástico, ciertamente. La pena, la ira, la alegría el anhelo y la incertidumbre sirven al cabeza de familia. Uno se separa de la contienda para discernir la verdad, mientras que el otro se sumerge para encontrar la misma. Si eliges esta última opción, el eneagrama será tu fiel compañero en cada paso del camino.

Tanto para la meditación como para el eneagrama, la confusión se produce cuando se confunden los caminos monásticos y los de los cabezas de familia. Si practicamos la meditación con la esperanza de alcanzar el desapego del monje, pero esperamos que también nos sirva para las relaciones, el trabajo y las finanzas, estamos cruzando los cables equivocados. Ninguno de los dos caminos (el de los monjes o el de los cabezas de familia) tiene como objetivo la superación personal. Utilizar estas antiguas prácticas para uno mismo solo (o principalmente) es despojarlas de sus poderes más profundos.

Como he mencionado, he estado estudiando tanto el Budadharma como el eneagrama durante más o menos el mismo tiempo, casi treinta años. En ese tiempo, he tratado de retorcerlos a mi voluntad: mis esperanzas de ser exitosa, ser amada, ser honrada, ser vista, ser recompensada; todas las cosas que anhelo. Hasta cierto punto (pequeño), me han ayudado en estas aspiraciones convencionales. En un grado (mucho) mayor, las han frustrado. Me han demostrado una y otra vez que, haga lo que haga, la vida nunca está bajo mi control. Aun así, sigo intentando meter con calzador mis prácticas espirituales en formas convencionales. No se conforman.

Cuando se trata de meditación, cada uno de nosotros se adentra en la práctica con expectativas, ya sea de alivio del dolor (emocional o físico), de realización espiritual o simplemente para alcanzar unos malditos momentos de paz. Todas esas cosas ocurrirán en cierta medida. El dolor puede ser más fácil de controlar. Se acumulan conocimientos. El cuerpo y la mente se ralentizan.

Es fantástico. Entonces, en algún momento, te das cuenta de que sigues siendo tú misma, con los mismos problemas, las mismas posibilidades, las mismas esperanzas y miedos.

Cuando se trata del eneagrama, comprendo el enorme deleite que se produce al descubrirlo. Se encienden todo tipo de luces. La autocompasión surge. La bondad hacia los demás se profundiza. Uno empieza a ver el mundo entero a través de la lente del eneagrama, y es pura alegría. Se revelan muchos matices. Te encuentras con ganas de contárselo a todos (créeme, lo he intentado. Solo hay que preguntar... a todos los que me conocen).

Es fantástico... Entonces, en algún momento, te das cuenta de que sigues siendo tú misma, con los mismos problemas, las mismas posibilidades, las mismas esperanzas y miedos.

Ya sea el budismo o el eneagrama lo que usemos para intentar cerrar la puerta de nuestro sufrimiento, esta simplemente se abre una y otra vez. Podemos cerrarla con más fuerza o simplemente salir a la tormenta. Ambas son comprensibles, pero los problemas surgen cuando intentamos hacer ambas cosas al mismo tiempo o cuando pensamos que estamos haciendo una cosa cuando en realidad estamos haciendo la otra.

La meditación y el eneagrama son disciplinas espirituales de primer orden. Como tales, se adaptan a la visión del usuario y cambian la visión de este.

Si quieres utilizar la meditación para mejorar tu vida, te mejorará en ciertos aspectos. Sin embargo, si quieres utilizarla como un truco para la vida, un truco biológico o un atajo de cualquier tipo, te sentirás decepcionado. No hay atajos. En algún momento se convierte en algo frustrante (por no decir aburrido); decidirás que la meditación no es para ti y pasarás a una nueva técnica.

Si quieres usar el eneagrama para la autocompasión y la mejora de la comunicación..., pues claro que sí, pero si tu intención secreta (o no tan secreta) es navegarlo (en los días buenos) o manipularlo (en los días malos) hacia objetivos convencionales, el propio sistema, al igual que la meditación, te cerrará el paso. Puede ser divertido (¡y lo es!) pensar en lo que un Tres o un Cinco pediría en Starbucks, o cómo los Dos y los

Ocho organizan las reuniones, pero para ir más allá del enfoque de los juego de salón, hay que dejar de lado las nociones preconcebidas y dejar de escondernos tras ellas. Cuando usamos el eneagrama como una forma de etiquetar a los demás para que no nos asusten tanto, se apagan todas las luces.

De todas las cosas que he estudiado y probado, el eneagrama es el único que sobresale como un sistema completamente formado que se integra perfectamente con el camino budista. No he encontrado ningún conflicto, sino lo contrario: que el eneagrama ofrece un apoyo sin igual para cada fase del camino budista.

El eneagrama budista

> Guerrero es quien no tiene miedo de sí mismo.
>
> Chögyam Trungpa Rimpoché

En la tradición budista en la que me formé, el principal obstáculo para el logro espiritual es tener miedo de uno mismo. Cuando nos centramos en lo que nos falta y no en la bondad que poseemos, pasamos la mayor parte del tiempo limitándonos, desconfiando de nuestras percepciones y abandonando nuestros anhelos. La atmósfera interna está llena de autoagresión. Incluso las enseñanzas espirituales pueden convertirse en armas cuando las utilizamos para destrozarnos a nosotros mismos.

El arma más afilada (y más suave) del guerrero es la compasión. Aquí, compasión no significa ser amable con todo el mundo todo el tiempo. Esa es una definición errónea. La verdadera compasión es simplemente nuestra respuesta natural y reflexiva a lo que encontramos cuando nuestros corazones están abiertos. Cuando lo están, nos volvemos más intuitivos y descubrimos que sabemos lo que hay que hacer para ser de mayor beneficio. Lo que es más útil se desprende naturalmente de nosotros, ya sea para ser dulce, agudo o silencioso. En este sentido, la compasión tiene mucho más que ver con estar despierto que con ser amable.

El punto de vista del budismo tántrico es que la autoaceptación (no tener miedo de nosotros mismos) es la sílaba semilla de la compasión. Una vez que aflojamos la garra claustrofóbica y correosa de la autocrítica y nos ablandamos de cara a nosotros mismos, entonces, orgánicamente, nos suavizamos también hacia los demás.

El eneagrama funciona según la misma teoría. Nos permite ver la matriz de cualidades que componen el «yo», no como elementos que haya que seleccionar por sus implicaciones positivas o negativas, sino como pinceladas –algunas atrevidas, otras difusas, algunas brillantes, otras vagas– que juntas crean una obra de arte singular; es decir, tú.

No importa lo mucho que nos entrenemos, ya sea a través de la meditación, contemplación, oración, estudio, prácticas o terapias de todo tipo, nuestro corazón puede permanecer bloqueado a menos que estemos dispuestos a ver y trabajar con la plenitud de lo que somos, incluidos nuestros puntos ciegos: esas historias que nos contamos una y otra vez sobre quiénes somos (o deberíamos ser), que simplemente no son ciertas.

El eneagrama presenta nueve hojas de ruta para hacer precisamente esto.

Arcos de transformación

> El nudo de la mente se desenreda en el espacio.
>
> SOKUZAN

En las tradiciones espirituales hay tres formas de transformar el sufrimiento en liberación. Y todas ellas son totalmente acertadas.

La primera manera postula que las emociones que causan el sufrimiento son aflictivas, problemáticas. Ya sea la ira, la tristeza o la ansiedad, lo más conveniente es apaciguar esa emoción y disolverla para dejarse a uno mismo en un estado de desapego.

El segundo punto de vista es que las emociones dolorosas no son meras aflicciones. Construyen puentes de compasión entre nosotros y los demás. En una ocasión tuve la suerte de conversar con un gran maestro, Tulku Thondup Rinpoche, sobre una dificultad emocional extrema que tenía (desde hace mucho tiempo olvidada). Sea como fuere, solo me dijo lo siguiente a modo de respuesta: «Imagina cuánta compasión sentirás por cualquier persona que conozcas en el futuro que sufra por ese mismo problema». Inmediatamente, me sentí fortalecida en lugar de derrotada por mi supuesta dificultad.

El tercer punto de vista (y en el que me formé principalmente) postula que las emociones intensas no son aflictivas ni puentes para la compasión, sino que son emanaciones de sabiduría en sí mismas. Cada emoción dolorosa es una forma confusa de luminiscencia. Este punto de vista es particularmente relevante para el viaje de transformación profunda, y nuestro enfoque en este trabajo. No vamos a buscar en el eneagrama un apoyo psicológico o conductual, sino que nos oriente para entrar en el reino de la magia, que es donde tiene lugar la verdadera transformación.

Tanto el budismo tibetano como el eneagrama hacen hincapié en transformar el veneno en sabiduría. Cada sistema describe una forma de ver lo que más te molesta de ti mismo como una puerta de entrada a tu luminiscencia particular. Para entender cómo sucede esto, por favor leer una y otra vez la cita anterior de Sokuzan: «El nudo de la mente se desenreda en el espacio». Esta percatación es el cogollo de la médula (de la médula). Indica que lo que buscamos –la plenitud, la felicidad, el valor, la liberación– ya está aquí. La transformación no se produce tratando de convertirse en otra persona, sino relajándose en lo que somos.

En este libro, nos centraremos especialmente en los sentidos. El viaje alquímico comienza con el cambio de la forma de ver la llamada cualidad degradada. La cualidad en sí no cambia realmente. Más bien la forma en que la consideramos.

Lo más habitual cuando se busca el cambio es aplicar sistemas y estrategias, trabajar, planificar, medir y recalibrar. Cuando esto tiene éxito, es fantástico. Sin embargo, estos sistemas y estrategias no suelen funcionar cuando se trata de cambios internos que operan fuera de nuestra psique convencional. De hecho, cuanto más nos esforzamos en crear una profunda transformación espiritual, más nos atrincheramos. Por ejemplo, en los círculos espirituales es habitual buscar el desapego. Se habla mucho de la insensatez del apego, de los problemas causados cuando uno se enreda en su propio punto de vista o estado emocional. Eso es justo. Sin embargo, cuando uno se apega al no apego, simplemente estás reproduciendo el problema. No se puede resolver un problema aplicando la misma lógica que lo causó. Si te enfadas con tu ira o te planteas un plan paso a paso para dejar de centrarte en el futuro, pues ya te puedes imaginar.

En algún momento, si tienes suerte, tu estrategia fracasará tan rotundamente que ya no tendrás ni idea de adónde acudir para encontrar soluciones. Si eres un Tres, te das cuenta de que ningún éxito en el mundo convencional puede disipar el vacío emocional. Si eres un Seis, has cerrado –metafóricamente (y literalmente)– todas las escotillas, pero el agua oscura sigue filtrándose. Si eres un Nueve, has intentado evitarlo, pero ahora, por la razón que sea, no hay lugar para esconderse.

Te rindes.

En ese momento, desde la perspectiva budista, habrás tropezado con una situación extremadamente afortunada. Como ya no puedes confiar en los patrones habituales, descubres que estás en un espacio mucho más grande de lo que imaginabas. Se te cae la venda de los ojos. Todo el aire viciado sale de la habitación. Cuando nuestras respuestas normales a los problemas fracasan, no nos queda más remedio que adoptar una nueva perspectiva que, aunque dolorosa, también está libre de los hábitos que los originaron.

Para aprovechar al máximo el hecho de caer de bruces, no visualices resultados mejores. Lo sé, lo sé. Hay innumerables sistemas y estrategias que aconsejan imaginar y sentir hacia dónde quieres ir como el camino más expedito hacia su consecución. No tengo nada que objetar. Todos, desde *Think and Grow Rich* (un clásico del siglo pasado) hasta *You Are a Badass* (que me gustó mucho; claramente no del siglo pasado), aconsejan empezar por el final. Siente y cree, repitiendo una y otra vez para ti mismo, hacia dónde vas hasta que sea tan real que notes que ya estás allí. ¡Lo he probado! ¡Y funciona! ¡A veces! Sin embargo, hay un problema con este método. Cuando empiezas por el final, te saltas el viaje, que se ve solo como algo que hay que superar (ojalá lo más rápido posible), en lugar de sentirlo, observarlo y aprender de él. Mi mente convencional tiene todo tipo de ideas sobre dónde quiere que vaya y cómo puedo llegar de la manera más inteligente. Pero hay otra fuente de inteligencia a mi disposición: mi mente sabia. No está sujeta a mis caprichos y voluntad. Más bien, se impone cuando me callo, es decir, cuando hago espacio, no hago nada, dejo de intentar, tomo asiento, observo, siento.

Desmoronarse es el camino rápido hacia la realización. Si el éxito convencional se consigue visualizando una y otra vez y repitiendo cosas que desearía que fuesen ciertas hasta que lo sean, el camino profundo transcurre a través de la escucha: leer las señales, tomar las indicaciones de la realidad y dejar de lado los pensamientos una y otra vez para escuchar una voz más inteligente dentro y alrededor de mí. Así que deja de visualizar resultados y empieza a prestar atención a lo que dice la realidad. En lugar de comenzar con una hoja de ruta (que parece mucho más segura, lo entiendo), nos damos cuenta de que la hoja de ruta se va formando. En otras palabras, hay que ir más despacio y disfrutar del viaje. Al fin y al cabo, el viaje es la meta, como se suele decir. Cuando se trata de recorrer el arco de la transformación, es el único camino. Afortunadamente, el eneagrama explica muy bien cómo hacerlo.

Los tres *yanas* del eneagrama

A menudo pienso en las distintas formas en que se puede trabajar con las emociones intensas. Después de todo, la pena, la rabia y la ansiedad son algunas de las experiencias que más probablemente nos lleven al budismo o al eneagrama. Dado que los dos sistemas están tan entrelazados y forman parte de mi propia comprensión como profesora, me encuentro ofreciendo ideas del budismo y del eneagrama para trabajar con todo ello.

El camino budista comprende tres *yanas*, o vehículos, que están en consonancia con los tres ciclos principales de las enseñanzas del Buda: Hinayana (enseñanzas fundacionales), Mahayana (enseñanzas de apertura del corazón) y Vajrayana (enseñanzas de transformación). Cada ciclo es indeciblemente profundo, un vehículo muy bien equipado que puede transportarte (de tres maneras diferentes) a la liberación. Aunque los ciclos son distintos, también son inseparables. Uno no los atraviesa de forma lineal, en particular, sino que circula a través de ellos continuamente. Juntos, describen la forma en que evoluciona el viaje espiritual en su conjunto. En lo que respecta tanto al budismo como al eneagrama, los viajes de sabiduría y compasión, los *yanas* proporcionan un marco útil, por separado y en conjunto.

Hinayana

Las enseñanzas Hinayana (fundacionales) contienen el primer ciclo de las enseñanzas del Buda: la sabiduría que impartió inmediatamente después de alcanzar la iluminación. Estas enseñanzas incluyen las Cuatro Nobles Verdades, la primera manera que encontró de articular la profundidad de lo que había comprendido sobre la existencia. También hay instrucciones detalladas sobre la conducta ética en todos los aspectos de nuestra vida. Por lo general, esta parte del camino avanza poco a poco, paso a paso. El practicante trabaja para domar el apego, la agresión y la ignorancia. Una vez reconocidas y apaciguadas estas fuerzas internas, las verdades espirituales pueden brillar. El viaje espiritual comienza contigo como base, suelo y fundamento.

El eneagrama también comienza contigo. ¿Quién eres? ¿Cuáles son tus puntos fuertes y débiles? ¿Cómo estás conectado cuando se trata de amor, riesgo, trabajo, sociabilidad, creatividad, etc.? ¿Cuáles son tus respuestas por defecto ante las oportunidades y los retos? ¿Adónde va primero tu atención en situaciones nuevas? Cuando te hieren, ¿cómo respondes? ¿En qué se diferencia de las llamadas normas sociales o se ajusta a ellas? Tener una idea de las respuestas a estas preguntas es desarrollar la autoaceptación y la confianza en lo que uno es, independientemente de lo que los demás piensen que debería ser. Esto también se conoce como autocompasión. El eneagrama empieza por dirigirse a esa voz interior concreta que, con toda su mezquindad, maldad y falta de matices, crea el entorno interior preciso que impide la autoaceptación y, por tanto, atempera nuestra voluntad de amar.

Cuando se trata de trabajar con las emociones difíciles, el punto de vista Hinayana es que las emociones negativas son aflictivas. La pena puede hacer que nos aferremos desesperadamente a lo que necesitamos a expensas de los demás. La ira puede llevarnos a una agresión incontrolada. La ansiedad engendra velocidad, lo que nos hace pasar por alto el momento presente. El deseo se basa en la carencia, y la satisfacción no sacia nuestra sed. Así que este punto de vista dice que si te libras de las emociones aflictivas por varios medios, serás más feliz y podrás prestar un mayor servicio. ¡Comprobado! ¡Indiscutible!

Soy una Cuatro, del tipo que siente lo que ocurre fuera de sí misma como algo que está ocurriendo dentro. Por un lado, es bastante poético; por otro, puede ser devastadoramente ensimismador. Se centra en la profundidad, la autenticidad y la intensidad (y todo tipo de preocupaciones estéticas). La atención se dirige constantemente hacia el interior. Aunque esta tendencia puede ser útil para cosas como la creatividad y el autoconocimiento, no es muy útil en los encuentros casuales del día a día. En mis primeros años de vida, me dio por sentir que era «muy seria»; básicamente, un lastre. En lugar de salir y divertirme con los amigos como hace la gente joven, me quedaba conmigo misma o me obligaba a participar en situaciones que me resultaban incómodas. No tenía la capacidad de entablar una amistad fácil y asumía que la mayoría de la gente no me quería cerca de todos modos.

Me etiqueté como «no deseada». Por ello, perdí la capacidad de ver que tenía amigos que sí me querían. Perdí amistades valiosas por mi tendencia a contenerme a menos que me invitaran explícitamente. Nunca olvidaré el día en que una amiga muy apreciada –a la que quería y sigo queriendo– me dijo que estaba enfadada conmigo porque no había asistido a una fiesta en honor a su maternidad. Me había mudado a unos cuantos estados de distancia y por eso dije que no, segura de que mi presencia no se echaría de menos de todos modos. Cuando me dijo que otros amigos habían viajado literalmente desde el otro lado del mundo para ayudarla a celebrar y apoyarla, me di cuenta de que me había perdido algo muy muy importante. Me quedé destrozada. ¿Cómo pude malinterpretar la situación? ¿De dónde venía este sentimiento de no querer? Estas preguntas siguen siendo relevantes en mi vida diaria, pero también provocaron un profundo autoexamen. ¿Quién era yo como amiga? ¿Cuáles eran mis dones y mis carencias? ¿Cómo podía hacerles saber a mis amistades que los quería sin buscar formas retorcidas antinaturales?

Me di cuenta de que nunca sería el tipo de amiga que llama para charlar. Siempre me voy a sentir incómoda simplemente pasando el rato. No voy a someterme a un trasplante de sistema nervioso y, por lo tanto, me voy a sentir cómoda con la superposición de hilos de entrada sensorial. Que así sea. Soy una Cuatro.

Sin embargo, lo que me falta de soltura y desenfado, lo compenso con una intensa concentración y una voluntad de abrir mi corazón a lo que es doloroso, confuso, alegre, significativo. En otras palabras, si quieres pasar el rato o salir, no soy tu tipo. Pero si estás naciendo, perdiendo lo que es precioso, descubriendo lo que es más poderoso, o muriendo…, llámame. Tengo el don de acompañar y sostener a mis amigos en esos momentos. Que así sea. Soy una Cuatro.

Aceptar mis limitaciones y mis dones como amiga, en este caso, ha sido un alivio. He dejado de intentar convertirme en el ideal de los demás. He aprendido a emitir pequeñas pistas sobre cómo puedo aportar valor y amor a mis amigos. Nos reunimos de vez en cuando, claro. Entre medias, envío pequeños mensajes para hacerles saber que estoy pensando en ellos. Cuando nos conectamos, les presto toda mi atención. Si me necesitan, estoy ahí. A menudo me gustaría ser más divertida, pero ese no es mi don. Aceptarme a mí misma como la amiga que estará ahí en momentos de necesidad, pero no tanto en otros casos, ha sido un regalo en sí mismo. Quiero, adoro y necesito a mis amigos. Cuanto más mayor me hago, más los valoro y aprecio lo mucho que aportan a mi vida. A menudo busco en mi interior formas más profundas de hacerles saber lo mucho que significan para mí y lo desolada que estaría sin ellos en mi vida, pero la vorágine del día a día no ofrece muchas oportunidades. Así que tengo que esperar en mi guarida a que me necesiten. Entonces mi corazón se enciende para ellos, solo para ellos, y puedo dejar fluir todo el amor que tengo. Que así sea. Soy una Cuatro.

De este modo, descubrir tu tipo puede ofrecer una puerta, no al amor propio perfecto y a la autoestima infinita, sino a la autoaceptación, incluyendo lo que es brillante y lo que falta dentro de ti. Haces las paces con tu cableado particular y eliges cómo emplear tu tiempo, tu atención y tu esfuerzo en consonancia con lo que realmente eres. Esto también se conoce como amarse a uno mismo. En todo momento, los demás te entenderán y te malinterpretarán a partes iguales. Bueno, es lo que hay. Tú sabes quién eres, y el esfuerzo continuo por reconstruirte a los ojos de los amigos, la familia, la cultura y las redes sociales disminuye. Qué alivio. Ahora has establecido los cimientos. Has dejado de lado las ideas de los demás. La vida es más sencilla. Ahora puedes amar desde tu verdadero corazón.

Mahayana

Tanto en el camino budista como en el eneagrama, todo el viaje comienza estableciendo los cimientos que, en ambos casos, se basan en la disciplina, la renuncia y la simplicidad. Lo que sucede a continuación es extraordinario y predecible a la vez: el corazón se abre. Cuando estamos atrapados en la incomodidad de quiénes somos, de cómo damos o no damos la talla, y en la incertidumbre sobre quién o qué deberíamos ser, está presente una sensación de desesperación. Los demás aparecen como dispositivos que hay que utilizar o evitar. Simplemente, no tenemos el ancho de banda necesario para aceptarlos por sus propios méritos, porque las circunstancias nos derriban con facilidad. No es una crítica. Simplemente es así. Por eso es necesario el autoconocimiento y la autoaceptación para amar. Cuando los tienes, aunque sea un mínimo, nos ablandamos hacia los demás. Se abre la puerta al verdadero amor, la bondad y la compasión.

En el budismo, el Mahayana (o Gran Vehículo) también se abre. Aquí, *maha* o «gran» no significa mejor. Más bien, es una invitación a encontrar nuestro lugar en el amplio mundo. Dado que has logrado cierto grado de paz en el mundo interior, ahora puedes extenderte hacia el exterior. Aquí se encuentran las enseñanzas budistas sobre el amor en todas sus formas, relativas y absolutas. Las seis *paramitas* (o acciones trascendentes: generosidad, disciplina, paciencia, esfuerzo, absorción meditativa y sabiduría) y las cuatro inconmensurables (benevolencia, compasión, alegría comprensiva y ecuanimidad) nos instruyen muy particularmente sobre cómo amar de verdad a los demás en la gran sopa caótica y en la relatividad de la vida cotidiana. Este *yana* también incluye enseñanzas y prácticas relacionadas con el amor en su forma absoluta, fuera de (pero incluyendo) todas sus formas relativas, también conocidas como vacío. Queda fuera del alcance de este trabajo profundizar en el significado dentro del Budadharma de la vacuidad y su relación con el amor absoluto, pero disfruta (como yo lo he hecho) reflexionando sobre este enigma.

El punto de vista Mahayana del eneagrama aparece cuando vemos que ilumina brillantemente nuestras diferencias con los demás y cómo ellos están tan enteros y rotos como nosotros a su manera. Ambos aspectos merecen todo nuestro respeto.

El eneagrama nos enseña a ver a las personas más allá de nuestras proyecciones, suposiciones y juicios. Ser capaces de hacerlo es uno de los gestos más cariñosos que podemos hacerle a otra persona. Así, el eneagrama nos enseña a amar más allá del interés propio.

Ambos caminos dicen que, ciertamente, estos malos sentimientos pueden ser aflictivos, pero también son puentes potenciales entre tú y los demás. Enseñan la compasión. Cuanto mejor conozcas tu propio dolor, más podrás comprender el dolor de los demás. Desde este punto de vista, los sentimientos «negativos» pueden examinarse como formas de abrirse más a fondo a los otros. ¡Comprobado! Es indiscutible.

Vajrayana

Vajra significa «indestructible» o «adamantino». El vehículo adamantino ofrece enseñanzas sobre lo que es posible cuando, por cualquier medio, creamos una base espiritual sólida y nos dedicamos al amor y la compasión. Como resultado, el mundo entero aparece de repente tal y como es: sagrado.

Si los dos primeros *yanas* describen las enseñanzas exotéricas o más fácilmente comprensibles del viaje espiritual, el tercer *yana* se sitúa firmemente en el ámbito esotérico o místico. Ofrece una guía para la transformación real. La transformación rara vez está en función de lograr una visión psicológica o filosófica elevada, las cuales pueden ser estudiadas, investigadas y experimentadas. Aunque tales puntos de vista pueden ser profundos, no son mágicos, si por «mágico» entendemos algo que se conjura a sí mismo desde el espacio de nuestros deseos e intenciones, como el amor verdadero, la visión repentina o el trueno, como el color verde o como la lluvia. El amor, el verde, etc., se nos revelan por sí mismos, no los creamos. O, como dice el gran cantautor tejano David Halley: «La lluvia no cae para las flores, / la lluvia simplemente cae». Así sucede con las más profundas transformaciones que buscamos. No podemos ordenarlas ni capturarlas. Surgen cuando hacemos espacio; la transformación se recibe en mayor medida de lo que se crea. ¿De dónde viene? Quién sabe. Es magia. Cuando se trata de la magia del eneagrama, gran parte de la misma está en los llamados arcos de transformación, el viaje que cada tipo transita cuando pasa de su pasión (o neurosis) a su virtud (o luminosidad). Lo que es importante señalar aquí es que la pasión no se elimina y se sustituye por una virtud; la pasión y la virtud son dos caras de una misma moneda.

En la visión Vajrayana, pues, las emociones intensas no se consideran como aflictivas ni como puentes hacia la compasión, sino como emanaciones de sabiduría en sí mismas. Cada emoción dolorosa es una forma confusa de brillantez. Este punto de vista es particularmente relevante para este trabajo.

Facetas del eneagrama

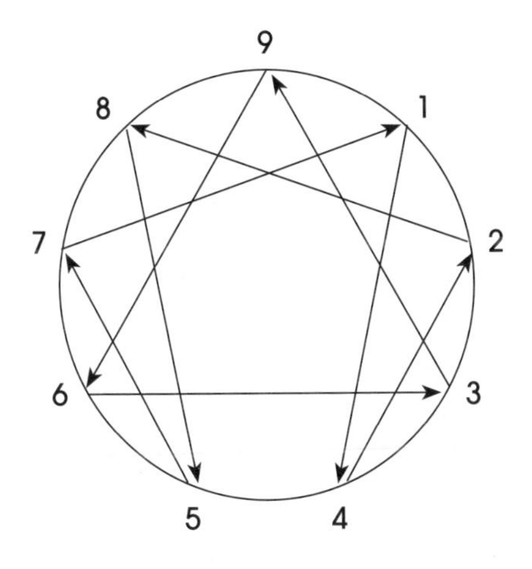

Tríadas

Los escritores suelen tener dificultades para sentarse a trabajar. Y a casi todos los meditadores les cuesta llegar al cojín. ¿Por qué? Es matemáticamente improbable que la mayoría de las personas que quieren escribir o meditar carezcan de la suficiente disciplina. «La primera regla de la magia –dijo la escritora y artista Julia Cameron– es la contención». Si queremos conjurar algo, ver algo, aprender algo, transformar algo (todas las formas de magia), necesitamos una manera, una forma, de contener la experiencia. Sin esa forma, simplemente vagamos, inventando cosas.

Las cosas diferentes crean contención. Los plazos de entrega crean contenedores para los escritores. Asistir a retiros crea contención para la práctica constante de la meditación.

El eneagrama proporciona un contenedor para la magia de vernos a nosotros mismos y a los demás con claridad.

El diagrama es un círculo cerrado y, al igual que un *enso*, un símbolo circular sagrado del zen, su significado está contenido tanto en su forma como en sus espacios. En este contenedor, hay números alrededor del exterior del círculo y líneas en su interior que conectan los números en patrones particulares.

Hay un triángulo interno que conecta el Nueve, el Tres y el Seis. Hay un número a cada lado de cada uno, creando tres grupos de tres números dentro del diagrama.

Cada grupo representa una forma particular de inteligencia. Ocho, Nueve y Uno están conectados a la inteligencia de la intuición; Dos, Tres y Cuatro, a la inteligencia de la emoción, y Cinco, Seis y Siete, a la inteligencia del intelecto.

La percepción de los centros de inteligencia es un buen punto de partida para encontrarse a sí mismo dentro del sistema. Por supuesto, cada uno de nosotros posee la intuición, la emoción y la razón, pero cuando uno mira, puede descubrir que una de ellas ha predominado durante gran parte de su vida.

Las personas para las que la intuición es la inteligencia más fuerte navegan por la vida por instinto. Puede que reflexionen, investiguen y ponderen tanto como cualquier otra persona, pero en algún momento, el «saber» simplemente sucede. Confían en este conocimiento, como debe ser; cuando todo está en orden, es infalible.

La tríada intuitiva también se llama tríada de la ira porque, cuando las cosas no salen como ellos quieren, responden con calor. Cuando todo en ti dice: «Esto es correcto, solo que no puedo explicarlo», y luego alguien o algo interfiere, resulta bastante irritante. La ira es su respuesta por defecto al dolor, pero cada punto de esta tríada tiene una forma diferente de relacionarse con la ira. Los Ocho son el punto de la ira exteriorizada. No tienen problemas en perder los nervios. Los Nueve, el punto central, se sienten intimidados por la intensidad y desconectan de su ira. Los Uno, el punto interiorizado, piensan que está «mal» enfadarse y lo subliman.

Los que se encuentran en la tríada emocional confían en los sentimientos, no solo para navegar por su mundo, sino para *entenderlo*. Hasta que no saben lo que sienten por alguien o algo, en realidad no saben lo que es. Cuando los de la tríada emocional (o del corazón) se sienten amenazados, las emociones se desbordan. Esto puede parecerse a alguna forma de apego emocional, como una súplica, un sollozo, una pelea (aunque de una manera más manipuladora que enfadada), o a caer en la muerte emocional. Al igual que en la tríada de la ira, un número exterioriza la cualidad esencial, un número se interioriza y el número central desconecta de su inteligencia central. Los Dos exteriorizan; toda la energía emocional se manifiesta y buscan conectarse con las emociones de otros. Los Cuatro, el punto emocional interiorizado, se aferran y examinan los sentimientos incesantemente. Los Tres se desconectan de su propio corazón.

La tríada mental es también conocida como la tríada del miedo. Se basan en la investigación, la comprensión del «por qué» y el estudio de fondo de lo que les interesa. Para esta tríada, cuando las cosas van mal, el pensamiento se acelera: «¿Por qué he dicho eso? ¿Y si ocurre esto? Si ella dice esto, yo diré eso», y así sucesivamente. Esto se llama ansiedad o paranoia; se trata de historias detalladas para explicar la experiencia. A menudo, las historias paranoicas son delirantes (¡excepto cuando no lo son!). Los Cinco, el punto interiorizado, se aferran a sus pensamientos y se retiran al mundo interior. Los Siete exteriorizan la energía mental centrándose en lo que podría ser en lugar de en lo que es. Los Seis, el punto central desconectado, nunca están seguros de que lo que piensan es digno de confianza y por eso lo cuestionan todo reflexivamente.

Las tríadas y los tres venenos

En el budismo, la agresión, el apego y la ignorancia son lo que se denominan los tres venenos u obstáculos primarios que oscurecen el camino de la liberación. Estas cualidades nos hacen tropezar una y otra vez al convencernos de que son reales. Aunque todos experimentamos cada uno de los venenos, dentro de las tríadas tiende a dominar un veneno.

Aunque los tres venenos existen en cada tríada, se podría decir que la tríada intuitiva lucha con la agresión, la tríada emocional con el apego y la tríada mental con la ignorancia.

Veneno n.º 1: agresión
TRÍADA INSTINTIVA

Imagina lo siguiente: estás siguiendo tus instintos para resolver un problema complicado en el trabajo. No sabes cómo, pero conoces la solución, simplemente lo sabes. Tomas medidas para ponerla en práctica, confiado en tu conocimiento interno. Pues ya está..., y entonces alguien interfiere en tu estrategia, te corta el proceso. ¿Cómo puedes reaccionar? Si esta es tu tríada predominante, te enfadarías. «Apártate de mi camino.» Se podría decir que los Ocho encarnan la agresión de la agresión, los Nueve, la agresión de la ignorancia, y los Uno, el apego a la agresión.

Veneno n.º 2: apego
TRÍADA EMOCIONAL

El veneno del apego tiene que ver con la necesidad, los juegos emocionales y el uso de los sentimientos como arma o defensa. Además, cuando el apego está en juego, en lugar de intentar conquistar la fuente de dolor, se hace un esfuerzo por cambiar la forma en que aparecen las cosas. Si mis deseos se hicieran realidad, todo sería fabuloso. Los tipos de la tríada del corazón suelen describirse como «orientados a la imagen». En otras palabras, las relaciones, el entorno y el estatus, no importan por lo satisfactorios que puedan ser, sino por lo que transmiten sobre uno mismo a los demás.

Para cada número de la tríada del corazón, esto tiene un aspecto diferente. Cuando están en las garras de este veneno, los Dos hacen tratos emocionales tácitos para conseguir lo que quieren y encarnan la agresión del apego. Los Cuatro sienten que sus necesidades en esta vida nunca serán satisfechas y se ven atrapados por el anhelo o el apego al apego. A los Tres les resulta difícil admitir lo que realmente sienten y niegan sus emociones difíciles. Exhiben la ignorancia del apego.

Veneno n.º 3: ignorancia

TRÍADA MENTAL

Los que se encuentran en esta tríada pueden utilizar el pensamiento como un arma o un escondite, lo que lo convierte en un engaño. Los pensamientos sobre la realidad no son lo mismo que percibir la realidad directamente. Los Cinco, que disfrutan pensando por pensar, nunca están satisfechos de saber lo suficiente, por lo que buscan más conocimiento (y más y más), encarnando la pasión del delirio. Los Siete pueden utilizar los pensamientos, incluidos los planes, las ideas, las visiones y posibilidades, como forma de evitar su propio dolor y exhibir la agresividad de la ignorancia. A los Seis les resulta muy difícil confiar en sus propios pensamientos y pueden quedar atrapados en una segunda opinión sin fin o en el delirio de la ignorancia.

Pasiones y virtudes

Cada eneatipo está regido por una pasión particular, que según el eneagrama es la causa de los problemas de la persona. La pasión está en el centro de una constelación de confusión sobre quién es uno realmente, esa orientación interior que confundimos con la realidad una y otra vez hasta que ha ahondado un surco tan profundo que no podemos imaginar que simplemente no sea real. Los Uno se dejan llevar por la ira ante las imperfecciones que siempre se pueden encontrar si se busca lo suficiente. Los Dos están convencidos de que, a menos que se les necesite, son impotentes. Los Tres creen que, a menos que su estatus y su imagen sean impecables, están condenados. La cuestión es que cada una de estas visiones de la realidad es cierta hasta cierto punto. Las cosas siempre se pueden mejorar. Ser necesario sí te convierte en un instrumento. Ser percibido como importante realmente te ayuda a llegar a sitios. Esto hace más difícil que cada tipo cambie. Como Cuatro, puedo ver que mi decepción cuando las cosas no resultan perfectas es solo una parte de la verdad y tomármelo con ciertas reservas. Sin embargo, cuando se trata de la pasión de los Cuatro, la envidia (la sensación de que lo que realmente quiero está fuera de mi alcance), me lo creo de corazón. Simplemente, no puedo convencerme de que estoy viendo la realidad a través de una lente y, por lo tanto, la malinterpreto.

Sin embargo, no es que cada uno de nosotros tenga un defecto; es que hemos malinterpretado una forma de sabiduría (la virtud) convirtiéndola así en un defecto.

Por ejemplo, en el caso del Tres, la pasión se llama engaño y la virtud es la honestidad. ¿Cómo pueden coexistir el engaño y la honestidad en un mismo espectro?

Los Tres, para quienes la imagen y el estatus son de suma importancia, tienden a quedarse en el nivel superficial de su experiencia y a enterrar la verdad más profunda para exhibir una apariencia lo mejor posible. Pero, para enterrar algo, primero hay que saber que existe, así que el engaño de un Tres comienza con percibir una verdad, medirla para mejorar la imagen, eliminar los trozos desordenados, y luego reconstruir la narración para que resulte impecable y satisfactoria. Sin embargo, la verdad sobre la verdad es que rara vez es impecable y casi nunca es plenamente satisfactoria, es más humana y desordenada. Los

Tres vuelven a empaquetar lo que es cierto como algo menos que completamente cierto, es decir, una mentira. La verdad está enterrada en la mentira. Cuando los Tres pueden encontrar seguridad dentro de sí mismos, pueden mirar de forma más profunda y aceptar lo que ven en toda su complejidad. Como saben engañar, también saben cómo decir la verdad.

Así como los Tres pueden transformar el engaño en honestidad, hay un poderoso arco de transformación para cada tipo de eneagrama. Mientras que las pasiones y virtudes se mencionan casi siempre en las obras del eneagrama, las sugerencias para transformar unas en otras son menos y a menudo se limitan a lo psicológico (examinar las heridas que condujeron a este comportamiento) o, francamente, a la ingenuidad (simplemente empezar a ser diferente). Se le puede decir a un Ocho que deje de desear el poder o sugerir a un Cinco que preste más atención a sus emociones, pero esto no es demasiado útil. En primer lugar, se está pidiendo a la mente que creó estos patrones por excelentes razones de supervivencia que también los disuelva por la misma lógica que los creó. Eso no funcionará. Por muy buena que sea la explicación de por qué duele el dolor, sigue doliendo. Además, cuando nos dirigimos a nuestras dificultades con cualquier atisbo de agresión, solo nos hacemos daño a nosotros mismos.

El cambio no se produce solo a partir de la comprensión intelectual o de un compromiso de autocontrol (aunque ambos pueden desempeñar un papel). Parece que el cambio solo ocurre a través de las relaciones, si por relaciones nos referimos no solo a cómo somos con nuestros amigos, íntimos y colegas, sino a la relación que tenemos con nosotros mismos, los acontecimientos que ocurren en nuestras vidas y el entorno en el que vivimos y trabajamos. De hecho, nuestra experiencia es una red de relaciones, y cuando nos sumergimos de lleno en el flujo del amor, el odio, el aburrimiento, la esperanza, el miedo, la necesidad, el deleite, las depresiones y las respuestas, descubrimos lo que necesitamos aprender y, en el mismo momento, cómo aplicarlo. Los enfoques psicológicos y de autoayuda nos sacan de los momentos de nuestra vida y plantean que el cambio puede producirse replegándose en uno mismo y pretendiendo reorganizar el mobiliario mental. Puede que dé una impresión estupenda cuando acabes, pero ¿qué pasa cuando el mundo se derrumba y se viene abajo? Nuestros planes de cambio profundo necesitan incorporar líos de todo tipo; de hecho, llegan a buen puerto bajo tales circunstancias. Admitámoslo, nunca vamos a tener una experiencia interior manicurada, y cierta familiaridad con el caos resulta realmente útil.

El cambio se produce al disolverse en la experiencia, en lugar de imponerla como por decreto.

Se suele decir que para amar a otra persona, primero hay que amarse a uno mismo. Cuando escuché eso por primera vez (y todos los otros miles de millones de veces que alguien lo dijo), me sentí bastante desanimada. «Eso no ocurrirá nunca», pensé en innumerables ocasiones: «¿Quieres decir que voy a tener que disolver todo mi odio hacia mí misma y mi autocrítica antes de poder conseguir un novio? Si tengo que amarme a mí misma primero, estamos ante un gran problema». Pero entonces me enamoré. ¡Sorpresa, sorpresa! A pesar de que todavía no me gustaba a mí misma. O eso creía... Porque cuando sentía el cariño de mi pareja, de repente era capaz de verme a través de los ojos del amor. No es que todo el autodesprecio y todo lo demás haya desaparecido (todo sigue ahí), pero la forma en que me veía a mí misma se amplió más allá de «Soy un asco» o «No, no lo soy». Me amé a mí misma cuando alguien me amaba, y no al revés. Todo el trabajo interior del mundo (que estoy bastante segura de haber intentado) no podría haber conseguido algo así.

El camino budista está orientado hacia el sendero (en lugar de a lo filosófico, académico o basado en creencias). El viaje espiritual es personal, en el momento, y no puede ser prescrito (aunque hay apoyos profundos dentro de varias prácticas y enseñanzas). La realización se alcanza soltando los conceptos en lugar de instituir otros nuevos, sumergiéndose en la experiencia en lugar de imponerla y, quizás lo más importante, reconociendo la corriente subterránea de magia, calidez y claridad prístina que corre justo debajo de la superficie de... todo. Más que perfeccionar nuestra mente convencional, podríamos vislumbrar lo que hay más allá de la matriz ordinaria. Hay una línea en el *Sutra del corazón*, uno de los textos más famosos de todo el budismo, que dice: «Como no hay oscurecimiento de la mente, no hay miedo». Cuando dejamos (de alguna manera) de enturbiar las aguas de la experiencia directa con el apego, la agresión y la ilusión, que es de lo que trata la práctica de la meditación, lo que queda es amor, claridad y una increíble amplitud y vemos que los cambios que anhelamos ya han ocurrido.

Cada tipo encarna una energía muy particular que puede expresarse como una bendición (la virtud) o una maldición (la pasión). La energía de la virtud y de la pasión es idéntica. El arco de transformación no consiste en deshacerse de la pasión y sustituirla por la virtud, sino en confiar en la energía esencial de la pasión, pues en situaciones difíciles nos revela las virtudes que esconde.

Cada tipo de eneagrama tiene su propio y único viaje del guerrero que realizar.

Las nueve sendas del guerrero

El eneagrama es un mapa perfecto de nueve soluciones a nueve problemas, nueve cualidades dolorosas que son simplemente una máscara para nueve cualidades profundas y hermosas, nueve sendas hacia el amor verdadero. Cuando encontramos la expresión dolorosa, también encontramos su expresión elevada. El eneagrama te muestra lo mejor de ti y lo peor. Son la misma cosa. Espero que te resulte igual de útil para identificar tu propio camino que para conocer los viajes únicos de tus seres queridos. Reconocer tu propia luminosidad y tus dones particulares es el fundamento del guerrero. Poner ambos al servicio de los demás es el camino y el fruto.

En resumen, las nueve sendas del guerrero son:

El Guerrero del Esfuerzo

No se rinden nunca. Tienen una tenacidad asombrosa en la búsqueda de la decencia, la cordura y el decoro en nombre de todos los seres.

El Guerrero del Amor

Los Dos están en sintonía con su corazón de una manera que al resto de nosotros nos cuesta comprender. Tienen el don de amarte primero y buscar tu amor en segundo lugar, a diferencia del resto de nosotros, que solemos hacerlo de la manera opuesta. El verdadero amor comienza con ser visto por lo que realmente eres, y los Dos tienen una habilidad infalible para sentir la verdad de tu corazón sin que digas una palabra.

El Guerrero de la Realización

Los Tres no se dejan intimidar en su búsqueda de la excelencia en todas las cosas. Cuando el resto de nosotros nos vemos abatidos por la adversidad, los Tres simplemente buscan otro camino. Y otro más. Y otro más. Los Tres están en la tríada emocional, pero, como verás, están alejados de sus corazones. Cuando corres con la energía del corazón pero no estás atrapado en ella, puedes navegar a través de la suciedad y el fango de los disparos fallidos, los sumideros emocionales y los interminables desvíos que invariablemente surgen en el viaje hacia la realización.

El Guerrero de la Poética

Aunque quisieran, los Cuatro no pueden desactivar el mecanismo que deduce el significado, el patrón y la percepción en las cualidades que caracterizan a lo invisible. Dado que los Cuatro sienten lo que ocurre a su alrededor como acontecimientos que se desarrollan en su interior, tienen una capacidad especial para nombrar verdades subyacentes y caleidoscópicas, sin convenciones.

El Guerrero de la Visión Clara

Los Cinco son capaces de separar silenciosamente la sabiduría de las tonterías que se disfrazan como sabiduría. Porque están profundamente sintonizados con los patrones de conocimiento y están dispuestos a dedicar tiempo a la reflexión sin preocuparse especialmente por la utilidad de hacerlo, pueden ver más allá del pensamiento convencional.

El Guerrero de la Verdad

Mientras los demás tratamos de hacer bien nuestro papel, ya sea en relaciones, en el trabajo o en nuestras comunidades, los Seis corren para romper la cuarta pared siempre que sea posible. Lo que sucede ¿Qué ocurre entre bastidores, bajo el capó, más allá de las apariencias? Pregúntale a un Seis y te lo dirá.

El Guerrero de la Magia

Justo cuando crees que el mundo se ha convertido en cualquier versión distópica, los Siete nos recuerdan que la suciedad puede transformarse en oro y que el mundo es una fuente inagotable de riqueza, posibilidad y alegría. ¿Cómo lo hacen? Con magia.

El Guerrero del Poder

El poder puede utilizarse para destruir, causar daños y provocar estragos. Pero también puede usarse para destruir lo que está calcificado y resulta limitador o amenazador para los demás. Los Ocho no tienen miedo de enfrentarse en nombre de todos nosotros a lo que hay que enfrentarse.

El Guerrero de la Presencia

Los Nueve tienen una capacidad incomparable para fluir de un momento a otro y para abismarse en ello. Ven todos los puntos de vista, no porque sean indecisos, sino porque están dispuestos a dejarse llevar y ver quién eres, no lo que ellos piensan sobre quién eres, que es donde el resto de nosotros a menudo nos detenemos. Como tal, poseen la rara habilidad de encontrar a los demás exactamente donde están.

Flechas de integración y desintegración

Los números del eneagrama están conectados por varias líneas, representadas con flechas direccionales que apuntan hacia o desde otros puntos. Se denominan líneas de integración y desintegración. La flecha que apunta hacia fuera indica un camino de integración. La flecha que apunta hacia dentro indica un camino de desintegración. Otra forma de decir esto es que el Dos se integra en el Cuatro, mientras que el Cuatro se desintegra en el Dos. El Dos se desintegra en el Ocho. El Ocho se integra en el Dos. Y así sucesivamente.

Cuando un número se integra, se eleva más allá de su brillo original para asumir la luminosidad añadida del tipo al que se integra. Por ejemplo, cuando los Dos poseen por completo su don de generosidad, este se combina con el alma interior de los Cuatro y su generosidad se impregna de un significado personal, que va más allá de las manipulaciones y los trucos para conseguir lo que quieren.

Ante las dificultades, cada eneatipo recurre primero a sus defensas básicas. Si esas defensas fallan, se dice que el eneatipo se desintegra en los mecanismos de defensa de un segundo eneatipo. Siguiendo con los Dos como ejemplo, la defensa innata es dar más, negar más sus propias necesidades, buscar crear más alianzas con los poderosos. Cuando esto falla, se desintegran en el Ocho, el más explícito de los eneatipos de ira. Por lo general, propensos como son a desviar la atención de sí mismos hacia los demás, los Dos se enfurecen y exigen atención.

Entonces, ¿hay que esforzarse por alcanzar los puntos de integración y evitar los de desintegración? En realidad, hay valor en ambas direcciones. Me doy cuenta de que en algunos círculos del eneagrama, las palabras «integrar» y «desintegrar» han sido abandonadas por otras, pero voy a mantenerlas porque transmiten algo esencial sobre el viaje espiritual.

En mi primer retiro de meditación de un mes, recuerdo que me sentí tranquilizada e inspirada por las imágenes de deidades serenas y amables que adornaban las paredes. «¡Ojalá pudiera parecerme más a ellas!». Me sobresaltaron y perturbaron las imágenes de otras deidades en otras paredes: seres gruñones y con garras, con muchas cabezas y ojos inyectados en sangre, empuñando armas afiladas, de pie sobre cadáveres. «¡Si pudiera alejarme de ellas! –pensé–. Deben ser el problema».

Au contraire. Resulta que los dos grupos de deidades, las pacíficas y las iracundas son amigas.

Por lo general, en el mundo de las tradiciones de sabiduría teísta hay delineaciones claras del bien y del mal. Básicamente, todo el sistema, ya sea monoteísta o panteísta, se basa en ser el bien, hacer el bien, compartir los bienes y evitar el mal, hacer el mal y retener los bienes solo para uno mismo. Estas nociones son adecuadas y útiles. Sin embargo, dentro del budismo, en parte porque es una tradición no teísta, el bien y el mal se ven de forma diferente. Sin duda, las cosas buenas (la bondad, la sabiduría, la valentía) siguen siendo buenas y las malas (el apego, la agresión y la ilusión) siguen siendo malas. Pero como en esta visión nadie va a ir al cielo o al infierno, se podría ir más allá de una perspectiva puramente dualista, que nos dirige a mantener lo bueno y deshacernos de lo malo, para abrazar algo inescrutable, misterioso y, yo diría, más interesante.

Lo que nos lleva a las deidades pacíficas e iracundas. Cuando al comienzo de mi retiro le pregunté al maestro sobre las imágenes aterradoras, respondió que tanto las deidades pacíficas como las iracundas son emanaciones de la misma forma de sabiduría. Por ejemplo, Avalokiteshvara, una serena y hermosa deidad pacífica, y Mahakala, un ser supremamente colérico –el de los colmillos y el collar de calaveras–, son considerados emanaciones de una única sabiduría: la compasión. ¿No es la compasión ser amable y gentil? A veces. Otras veces, la compasión necesita una expresión más aguda y feroz. Piensa en una madre cariñosa y atenta (emanación pacífica) que ve a su hijo pequeño a punto de cruzar una calle muy transitada y se interpone entre su hijo y el tráfico que se aproxima, gritando con rabia «¡Para!» (emanación iracunda). Pedir dulcemente al niño que se dé la vuelta no sería especialmente compasivo.

Las deidades pacíficas son guías perfectas cuando se camina por el lado iluminado de la calle. Sin embargo, cuando estamos en el lado oscuro, necesitamos algo más feroz que nos proteja. De hecho, las deidades iracundas suelen llamarse protectoras. ¿Qué es lo que protegen? La sabiduría, la compasión y la alegría. Cuando sus antítesis (la ignorancia, la agresión y la confusión) intenten atacarte, te protegerán. Sin embargo, si tratas de perpetuar la ignorancia, la agresión o la confusión, te atacarán. Hablo desde una amplia experiencia personal al respecto, puedo dar fe de ello.

Lo que nos lleva a las dichosas flechas. Tradicionalmente, se piensa que las flechas de la integración señalan lo que hay que procurar y las flechas de la desintegración lo que hay que evitar. Sin embargo, me parece más útil pensar en las flechas de la integración como deidades pacíficas y en las flechas de la desintegración como, lo has adivinado, deidades iracundas. Ambas están destinadas a conducir a una visión más profunda de lo que eres y puedes ser. La flecha de la integración puede tomarte de la mano, apuntar suavemente en la dirección de la curación y animarte con amor. La flecha de la desintegración puede enseñarte a través de bofetadas (metafóricas), mostrarte el mismo callejón sin salida una y otra vez, y animarte con, digamos, amor del duro.

Por ejemplo, si eres un Siete, el eneagrama dice que te integras en el Cinco y te desintegras en el Uno. En el Cinco, los Siete permanecen en el reino en el que se sienten más cómodos, el reino mental, mientras que su empuje normal hacia la actividad se ralentiza y se basa en el amor por la contemplación de un Cinco. Los Siete van al Uno cuando sus herramientas normales de resolución de problemas, como centrarse en el potencial o soñar un sueño mejor, no funcionan. Caen en el lado negativo del Uno y se convierten en microgestores enfadados. Sin embargo, aquí los Siete tienen la posibilidad de ver el mundo con la aleccionadora certeza en blanco y negro de un Uno. De este modo, la deidad iracunda cumple su rocambolesca misión de dar sensatez a los sueños.

Subtipos

Dentro de cada uno de los nueve tipos del eneagrama hay tres divisiones importantes llamadas pulsiones instintivas (estas son diferentes de los tres centros de inteligencia). Esto significa que en realidad hay veintisiete tipos. Sé que puede parecer una complicación, pero es un punto esencial a tener en cuenta cuando se aprende el eneagrama. Aunque cada uno de nosotros posee las tres pulsiones instintivas, al igual que las formas de inteligencia, una de ellas es la predominante.

Una de las razones por las que hago hincapié en los subtipos es que es más fácil para la mayoría de nosotros identificar nuestro subtipo que nuestro tipo. Cuando se identifica primero el subtipo, es mucho más fácil descubrir el tipo.

El primer impulso instintivo (o subtipo) es el de la conservación: se centra en cuestiones de supervivencia como la seguridad personal, la comida, el refugio, la seguridad económica, etc. Los dramas primarios (es decir, los de crecimiento) de la vida tienden a desarrollarse dentro de la propia persona y pueden o no ser visibles para los demás.

Los pensamientos iniciales de una persona del subtipo conservación, por ejemplo, que viaja para asistir a una reunión profesional, ya sea un Dos o un Seis o lo que sea, pueden ser de este tipo: «¿Habrá comida que me guste? ¿Y si tengo demasiado frío o demasiado calor? ¿Va a valer la pena el dinero que me estoy gastando? ¿En dónde voy a dormir y qué pasa si es incómodo? Será mejor que lleve mantas y bocadillos».

El segundo es el instinto social: el deseo de descubrir el propio lugar en el mundo, formar parte de un grupo o comunidad, ya sea una familia, el barrio, el partido político, la empresa, etc. El objetivo es ser aceptado o rechazado, sentirse digno y comprender las normas y los sistemas. Los dramas de la vida tienden a desarrollarse en el escenario público, lo que significa que el crecimiento, el dolor, la innovación, la frustración y la sabiduría provienen de las experiencias dentro de los grupos (en lugar de dentro de la persona, como es el caso de los subtipos conservación).

Para la persona con instinto social que viaja a la misma reunión profesional, los primeros pensamientos pueden no ser sobre aperitivos y capas de ropa. Más bien, puede preguntarse: «¿Cómo estará dispuesta la sala y dónde me sentaré? ¿Me incluirán en la conversación o me ignorarán? ¿Estaré orgulloso de formar parte de este grupo? ¿Habrán organizado una comida para después de la reunión? Si es así, ¿me invitarán?».

El tercer instinto es el sexual: se centra en las relaciones íntimas, incluyan o no relaciones sexuales. El interés primordial es conectar con otra persona, de tú a tú, ser notado, comprendido, visto. Aquí, los dramas primarios de la vida se desarrollan, como es de suponer, en las relaciones individuales, ya sean románticas, profesionales o familiares.

Una persona del subtipo sexual que viaja para asistir en una reunión profesional, en lugar de pensar en los aperitivos y la disposición de los asientos, puede preguntarse algo parecido a esto: «¿Habrá alguien allí con quien pueda compartir esta experiencia? ¿Alguien que me "entienda"? ¿Alguien con quien pueda hablar de lo que pienso y siento?».

Como puedes ver en el ejemplo de la reunión profesional, aunque todas las preguntas son totalmente pertinentes, se refieren a conjuntos de intereses muy diferentes.

Es cuando los tres subtipos (o impulsos) se observan en combinación con el tipo primario, cuando el eneagrama comienza a adquirir su complejidad completa, hermosa y singular. Utilizando el Dos como ejemplo, está el Dos conservación, el Dos social y el Dos sexual. Cuando la energía del tipo se refracta a través del prisma del subtipo, la energía en sí misma no cambia, pero el escenario para su expresión sí lo hace. En el caso del Dos conservación, la energía de dar está al servicio de la seguridad personal. Para el Dos social, se trata de crear una posición en la sociedad conectando emocionalmente con personas importantes. Y para el Dos sexual, se manifiesta como el poder de la seducción.

En cuanto a los subtipos –para hacer esto aún más divertido y complejo–, es importante señalar que dentro de cada tipo, uno de los subtipos se llama «contratipo», lo que significa que es el que menos se parece al tipo original y, por tanto, puede ser más difícil de discernir. Por ejemplo, yo soy una Cuatro conservación, que es el contratipo del Cuatro. No tengo un aspecto tan típico de Cuatro como los subtipos social o sexual, así que, para mí y para otros Cuatros conservación, detectar el tipo puede ser más sutilmente complejo (los contratipos de cada tipo se indican en el capítulo correspondiente).

Te animo fervientemente a que identifiques tu subtipo antes de que adoptes una decisión final acerca de tu tipo. En mi caso, sin conocer mi subtipo, nunca me habría catalogado como una Cuatro. Los Cuatro son conocidos por su talento dramático, su fina sintonía estética, y una forma profundamente emocional de relacionarse con todo. Yo no me hubiera descrito en esos términos. Pero me resultaba fácil identificarme como alguien para quien el instinto conservación es el más fuerte. ¿Cuatro sociales y sus sentimientos de vergüenza por no pertenecer? No. ¿Los Cuatro sexuales y su intensa relación de amor-odio con todo y con todos? No tanto. Pero con los Cuatro conservación sonaban todas las campanas: temerarios, arriesgados, apariciones y desapariciones, y, a diferencia de mis otros Cuatro homólogos que estaban ocupados emitiendo, yo estaba ocupada tragándome mis sentimientos, escondiéndolos, guardándolos para usarlos como armas cuando fuera necesario. Cuando leí sobre los Cuatro conservación, sentí como si el eneagrama hubiera estado espiando toda mi vida.

Los tres caminos de la compasión

Como con todo lo relacionado con el eneagrama, comprender los subtipos no es útil solo por la poderosa visión que ofrece sobre quién eres, sino por saber cómo puedes ser más beneficioso para los demás.

En la visión budista de los caminos de la compasión, se identifican tres arquetipos primarios. Podríamos imaginarlos como los correlatos de cada impulso instintivo y, al igual que con cada impulso, cada uno de nosotros contiene cada arquetipo; sin embargo, uno es el predominante.

El Gobernante

La primera forma de guiar a la gente hacia la iluminación (o el cese del sufrimiento) es establecer una posición de poder por la que te escuchen, para atraerlos hacia ti. Un líder así puede conmovernos con su carisma, su evidente brillantez, su capacidad de inspirar y tocar nuestros corazones: nos enamoramos de ellos. Nos sentimos conectados a ellos independientemente de que sepan o no que existimos. De este modo, pueden guiar a muchos por un (ojalá) recto camino de liberación.

El Gobernante está dispuesto a ir primero. Todos los demás le siguen. Si eres un subtipo sexual, sea cual sea tu número, puedes tener una conexión natural con esta forma de liderazgo compasivo.

El Barquero

En lugar de guiar a los demás por el camino de la iluminación, el Barquero va con ellos. Lleva a la gente desde las orillas del dolor y la tristeza a las costas de la cordura y la paz. Es algo que se realiza en grupo. Si fueras un guía de este tipo, tendrías que estar al tanto de cómo le va a todo el mundo, quién puede estar agitando el barco, malinterpretando la misión, sugiriendo un cambio (brillante o irritante) de dirección…; todas las cosas que ocurren dentro de los grupos. El Barquero no pierde de vista en ningún momento el premio (la liberación) y no deja a nadie fuera.

El Barquero está dispuesto a acompañar a los demás y a navegar juntos. Como subtipo social, aunque ciertamente puede liderar como un Gobernante o como un Pastor (ver más abajo), podrías prestar especial atención a tus dotes innatas para avanzar en grupo.

El Pastor

El Pastor no es el primero en llevar a los demás a la otra orilla, ni va con todos para cruzar juntos. El Pastor se asegura de que todos los seres pasen primero por la puerta de la liberación y luego para él. Lo equiparo con la pulsión de conservación porque el viaje del Pastor es el más solitario. Las personas conservación tienden a preferir ir solas porque es más fácil evitar peligros cuando uno es menos visible. Todo el mundo sabe quién es el Gobernante. Todo el mundo sabe quién es el Barquero. Pero otros pueden no ser conscientes de lo que hace exactamente el Pastor conservación, a quien le gusta que sea así. Simplemente se siente más seguro.

El Pastor está dispuesto a liderar y a la vez ser alguien invisible, abandonado a su suerte. Ciertamente, los Gobernantes y los Barqueros hacen muchas cosas que los demás desconocen y son tan capaces como los Pastores de guardar para sí sus opiniones. Dicho esto, si el impulso de conservación es más fuerte en ti (como lo es en mí), puedes tener un gran talento para liderar sin que nadie sepa que eso es lo que estás haciendo.

Alas

Los profesores del eneagrama suelen hablar de las alas, los números que se encuentran a ambos lados de tu grupo. En algún momento, se desarrolló la idea de que no eras un Siete, por ejemplo, sino un Siete con un ala Seis o un Siete con un ala Ocho o, según Claudio Naranjo, una mezcla idiosincrásica de los dos números de cada lado.

Mi observación personal es que nada es tan sólido y consistente, así que no presto demasiada atención a las alas. Sus nombres (Seis con un ala Cinco: el Defensor; Seis con un ala Siete: el Compañero, por ejemplo) no tienen ninguna importancia para mí. Más bien creo que oscilamos entre nuestras alas. En ciertos días o incluso durante largas fases de mi vida, puedo pasar mucho tiempo apoyándome en mi ala Tres. En otros días y en otras fases, me noto muy apegada a mi ala Cinco. No tengo ni idea de lo que rige esas oscilaciones. Solo sé que no hay ningún punto en el que el conjunto se sitúe en un polo o en el otro.

En lugar de intentar determinar tu ala (o la de cualquier otra persona), dedica tiempo a notar cuándo puede favorecerte orientarte hacia un ala o hacia la otra. Si eres un Seis que está a punto de solicitar un préstamo bancario, puedes notar que te apoyas mucho en el Cinco reuniendo información de forma fría y desapasionada. Si eres un Seis a punto de pedir la mano de alguien, puedes hacer una dulce visita a tu ala Siete para atraer una sensación de alegre posibilidad.

En otras palabras, no te obsesiones demasiado con el asunto del ala.

Idealización

Cada tipo tiene una forma preferida de verse a sí mismo, que es una barrera para ver la realidad. Lo que se idealiza es, por definición, inalcanzable. La idealización para cada tipo es una especie de pozo sin fondo de lucha por algo que nunca puede ser perfeccionado y que establece una persecución de por vida por… algo. Para los Uno, es tener razón; para los Dos, ser necesario; para los Tres, el éxito es el estado idealizado; para los Cuatro, es ser especial; para los Cinco, ser conocedor; para los Seis, estar seguro; para los Siete, sentirse feliz; para los Ocho, ser poderoso, y para los Nueve, estar cómodo es el estado idealizado. No hay nada malo en ser correcto, necesario, exitoso, etc. Sin embargo, cuando el estado idealizado es un obstáculo para la presencia auténtica, crea sufrimiento.

Evitación

Si la idealización es el estado de ser deseado, la evitación es lo que denota el peor de los casos. Por ejemplo, a nadie le gusta fracasar, pero el fracaso es la principal evitación para los

Tres. Nadie disfruta siendo impotente, pero para los Ocho esa es la condición más temida. Cuando se teme algo en exceso, se tiende a verlo en todas partes y a construir defensas contra ello, estén o no justificadas. Por lo tanto, los Tres siempre están defendiendo su éxito; incluso los fracasos pueden verse como «oportunidades». Los ochos son tan alérgicos a estar sometidos a los caprichos de los demás que buscan imponer el control en todo momento.

Fijaciones

Las fijaciones son diferentes de las pasiones. Si la pasión es el sistema operativo del mundo interior, la fijación es la pantalla del escritorio que elige. La fijación es lo que hace la pasión cuando se levanta del sofá para salir al mundo.

Por ejemplo, para los Seis, la pasión se llama miedo. Si se les deja a su aire con sus propios recursos, los Seis se acercarán a los rincones en los que pueda acechar el peligro, incluso en las circunstancias más benignas. Su fijación, la duda, es la primera respuesta a las fuentes de tristeza y felicidad. Para los Siete, la pasión es la gula, querer más de lo parece que sienta bien. La fijación se llama planificación: la respuesta a querer más es planear cómo conseguirlo.

Tanto la duda como la planificación son una respuesta a la pasión. En cierto modo, la fijación (más que la pasión) es la última frontera cuando se trata de despertar del sueño de la separación. Tendemos a amar nuestras fijaciones porque las sentimos como un hogar. Por supuesto, no lo son.

Estilos de conversación

Cada eneatipo tiene también un estilo de conversación, una manera de expresarse. Por ejemplo, el estilo de los Uno se llama predicar y el del Cuatro se llama lamentación. Es muy útil saber esto. Cuando siento que mi esposo Uno me está sermoneando (lo cual hace), me resulta muy irritante. Saber que está conectado para predicar no necesariamente lo hace menos irritante, pero me ayuda a dejar de lado mi irritación para tratar de escuchar lo que quiere decir, en lugar de ofenderme por la forma en que lo hace. Cuando ofrezco mis pensamientos y sentimientos, puede haber un trasfondo de tristeza, melancolía o, los dioses no lo permitan, de felicidad. Esto no es menos irritante. Pero cuando mi marido puede aceptar que mi instrumento es más bien un violonchelo (propenso a la melancolía, bueno para emitir tonos oscuros), mientras que el suyo es, por ejemplo, parecido a una trompeta (enérgico, llamativo, posiblemente estridente), podemos escucharnos el uno al otro con menos juicios de valor.

¿Se puede decir que un chelo es mejor que una trompeta? No. Simplemente son diferentes. Cuando sabemos qué instrumento estamos escuchando, es menos probable que nos enfademos con un violonchelo por no ser más parecido a una trompeta. Discernir esas diferencias puede ayudarnos a centrarnos en lo principal, que es entendernos con más precisión.

Cuando se trata de clasificarse a uno mismo y a los demás, me parece que una comprensión del estilo que tienen las personas para comunicarse verbalmente es una forma muy buena de identificar el tipo. Por ejemplo, el estilo del Cinco es instructivo, y el del Nueve, narrativo. Si un Cinco quiere ayudarte, es posible que exponga su plan mediante tablas y gráficos metafóricos, mientras que un Nueve puede incidir en los mismos puntos, pero dando muchos rodeos.

Una vez que empieces a escuchar, oirás que los tipos te hablan alto y claro.

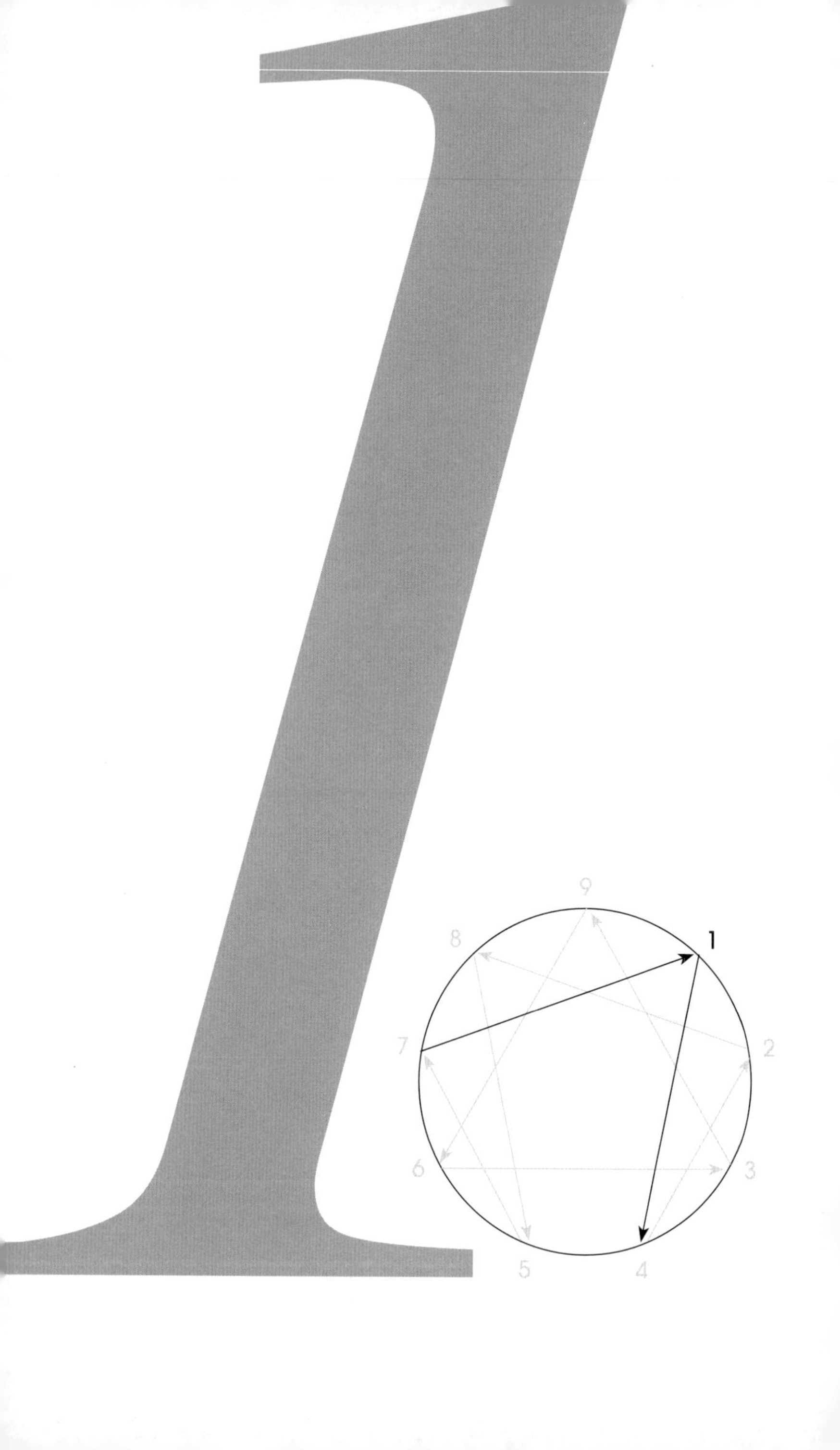
9
8
1
7
2
6
3
5
4

UNO
El Guerrero del Esfuerzo

> El instinto, por el contrario, se amolda a la forma misma de la vida. Y mientras que la inteligencia trata todo mecánicamente, el instinto procede, por así decirlo, orgánicamente. Si la consciencia que duerme en él se despertara, si se enrollara en el conocimiento en lugar de enredarse en la acción, si pudiéramos preguntar y ella pudiera responder, nos ofrecería los secretos más íntimos de la vida.
>
> Henri Bergson

El viaje para los Uno del eneagrama es desde la ira (la pasión) hasta la serenidad (la virtud). Esto es muy difícil para ellos porque tienen lo que en el budismo se llama «mente comparadora». La atmósfera interna es «Yo sé lo que está bien y lo que está mal, ¿tú lo sabes?». Comparan constantemente lo que es (en el trabajo, en casa, en la televisión, en cualquier lugar) con lo que podría ser. Su pensamiento tiende a ser bastante en blanco y negro; las cosas están bien o están mal. Por supuesto, nunca hay nada que esté perfectamente bien; todo y todos podrían recibir algo de ayuda. Los Uno siempre están dispuestos a ofrecer esa «ayuda» (que la quieras o no es otra historia.) Cuando los Uno se preocupan por ti, te dicen lo que estás haciendo mal. La mayoría de nosotros no consideramos eso como una forma de afecto, pero nuestros amigos Uno solo están tratando de mostrarnos lo importantes que somos para ellos.

Las zonas grises son potencialmente peligrosas. Los errores pueden estar al acecho en cualquier parte. Una vez asistí a una clase de Bikram Yoga y en el vestuario había un gigantesco cartel del fundador, Bikram Choudhury, que lo mostraba en una pose superretorcida. En la parte inferior del póster estaba su advertencia: «Un 99% de acierto es un 100% de error». No sé si Bikram Choudhury es un Uno (creo que es un Ocho), pero esa frase resume muy bien la mentalidad de los Uno.

Aunque un Uno no se manifieste ni te comunique sus críticas, puedes sentirlas. Creen que está «mal» juzgar, pero todo en su interior grita: «¡Correcto!» o «¡Incorrecto!». No es difícil percibir la desconexión entre lo que dicen y lo que se siente al estar cerca de ellos. Los Uno a menudo exudan una especie de cualidad hirviente, como si estuvieran a punto de gritarte, incluso cuando solo estás intercambiando saludos con ellos.

El principal objetivo de la tendencia de los Uno a juzgar es, por supuesto, ellos mismos. Tienen para sí mismos un nivel de exigencia imposible de alcanzar; el más mínimo «error» puede llevarles al tormento. La otra noche, mi marido, un Uno, estaba tan disgustado por no haber preparado lo suficientemente bien una reunión que había tenido ese mismo día que no pudo dormir. No era una reunión importante. Se trataba de discutir sobre un proyecto poco relevante, pero los Uno son propensos a la autocrítica más feroz y a reclamar a los demás un nivel de exigencia similar. Si ellos deben atenerse a esas normas, es justo que tú también lo hagas. Si no es así, pueden perder el sueño.

Como el foco de atención principal es el error (que puede ocurrir en cualquier momento), están muy atentos a los detalles. Si se le muestra a un Uno una imagen con diez objetos, se le dice que cierre los ojos y luego se le muestra la misma imagen con algunas cosas que faltan, es muy probable que sea capaz de decir cuáles son.

Los Uno son el punto introyectado de la tríada intuitiva. Contienen su ira y pueden absorber los sentimientos de los demás en forma de ira. Hay una tremenda vigilancia sobre el entorno interior y exterior. Puedes sentirlos observando, midiendo, evaluando, catalogando. Si alguna vez te has mudado de casa, habrás tenido la experiencia de tomar decisiones *in situ* sobre cada elemento. Cada objeto tiene que ser evaluado y luego se toma una decisión: mantenerlo, tirarlo o regalarlo. Entramos en el terreno Uno cuando una posesión enorme (un piano) y una pequeña (un cortaúñas) se someten a la misma consideración y se toma una decisión en blanco y negro.

A los Uno les puede resultar difícil manejar su tendencia reflexiva a juzgar, criticar y categorizar. La atmósfera interna es tensa, claustrofóbica. Es difícil relajarse. La buena noticia es que, dado que se atienen a las normas morales más elevadas, son sumamente dignos de confianza. ¿Hace falta que te diga lo mucho que significa saber que puedo confiar por completo en mi pareja? Los Uno atraviesan la confusión para dar con el punto esencial en situaciones en las que el resto de nosotros estamos desconcertados. Su medidor de tonterías es de lo más preciso. Saben quién está mintiendo. Saben cuándo una situación se describe en su totalidad o en parte. Saben si se alguien está fingiendo. ¿Cómo lo saben? No pueden explicarlo. Es solo intuición.

Pasión: *ira*

El otro día, mi marido comenzó a preparar las cosas para pasar un fin de semana de acampada con unos amigos. Cuando se acercaba la hora de marcharnos, empezó a colocar en el coche varias neveras y bolsas de comida. Solo le quedaba una comida por preparar, que quería dejar para el último momento (algo sobre un adobo). Cuando llegó a casa desde el aparcamiento, se dio cuenta de que algunos de los ingredientes del adobo estaban en una nevera que ya había puesto en el coche. Bien. Para la mayoría de nosotros, esto no sería un gran problema, ni siquiera un pequeño problema. Podía ver el coche desde la ventana de nuestro apartamento, ¡estaba justo delante! ¿Su respuesta? Gritar (parafraseo): «¡Estoy tan cabreado por haber llevado esos ingredientes al coche! ¡No puedo creer que haya hecho algo así! ¿En qué estaría pensando?». Si yo le hubiera dicho algo como: «Oye, no es para tanto… El coche está justo ahí. No pasa nada. No te enfades…», me habría mirado y me habría dicho, a todo volumen: «No estoy enfadado, ¡¿de qué estás hablando?!». Lo que estoy tratando de explicar aquí es que mientras que al oírlo autocriticarse así a la mayoría de nosotros nos parecería que ha causado una catástrofe, cuando los Uno hablan así sienten como si estuvieran diciendo un «Oh, rayos» muy suave. Hay tal enfoque en el error y en evitarlo en los Uno que el más pequeño «error» puede hacer sonar alarmas muy fuertes.

A diferencia de los Ocho, que expresan su ira libremente y sin prejuicios, los Uno, que sienten la misma ira, son propensos a reprimirla por «incorrecta», lo que crea una sensación en su presencia de que la ira está aquí en alguna parte, pero no puede ser localizada.

Me he hecho amiga de una persona que vive en nuestro edificio. Cada vez que la veo en el vestíbulo, pienso: «Oh, está enfadada por algo», hasta que se acerca a mí, me saluda, sonríe y se detiene para mantener una agradable charla, sin ningún atisbo de enfado. Luego, cuando nos despedimos, su expresión vuelve a ser de enfado. Incluso cuando los Uno se sienten totalmente imperturbables, su presencia puede comunicar algo más ardiente. La cólera retenida está siempre bajo la superficie.

Virtud: *serenidad*

Cuando los Uno se relajan y ven que está bien que las cosas sean imperfectas, la serenidad es posible, no en el sentido de que todo esté siempre bien (que ciertamente no lo está), sino en el sentido de acomodarse a lo que pueda surgir, perfecto o imperfecto, correcto o incorrecto, esperado o inesperado.

Idealización: *«Tengo razón»*

Tanto si el tema es el amor, la guerra, la política o cómo cargar el lavavajillas, la conclusión más buscada por los Uno es «yo tengo razón». «Mi sistema es el mejor. Yo sé más. La forma en que lo hiciste no es del todo correcta. Deja que te muestre el camino».

Evitación: *ira*

Fíjate en que la pasión (o neurosis), la ira, es también lo que buscan evitar. Son el único tipo del eneagrama en el que la pasión y la evitación son lo mismo. ¿Te imaginas cómo sería estar alimentado por lo que también buscas evitar? Hay algo en esta ecuación que explica la tirantez interior que muchos Uno transmiten. Sus pies están en el acelerador y en los frenos al mismo tiempo.

Hablando de acelerador y frenos, una vez estaba en el coche con un pariente cercano (vale, mi madre. ¡Deja de leer ahora, mamá!). Ella conducía. A su lado iba una de sus amigas más antiguas, también de más de ochenta años. Yo estaba en el asiento trasero. Acabábamos de disfrutar de un agradable almuerzo y nos dirigíamos a dejar a la amiga en su casa cuando un coche se incorporó a la vía, se acercó peligrosamente y nos cortó el paso. Mi madre, una Uno, se indignó. Perdió el control. Se pegó Al claxon. Dijo palabrotas. Aceleró para alcanzar a la persona, se acercó peligrosamente para… no sé qué. ¿Gesticular? ¿Gritar? Sea lo que fuere, su amiga y yo estábamos aterradas y tratamos de convencerla de que lo dejara, con visiones de peleas a puñetazos y disparos bailando en nuestras cabezas. «¡Para, mamá/Louise, por favor, para!». Y ella nos contestaba: «Pero ¿es que no habéis visto lo que ha hecho?». Tenía razón, no se había incorporado bien a la vía, pero ¿qué diablos íbamos a hacer al respecto? En cualquier caso, el momento pasó y nos instalamos en un incómodo silencio durante unos minutos. Para romper la tensión, la amiga se dirigió a mí y dijo suavemente (no estuvo muy acertado, créanme): «Susan, no pareces una persona que se enfada fácilmente». Antes de que pudiera decir nada, mi madre dijo: «Yo tampoco me enfado, fácilmente». La amiga y yo nos miramos. Mi madre acababa de verse dominada por una rabia tan espantosa que tuvimos que interceder, sin embargo, solo unos momentos más tarde, esa rabia se había ido, mi madre se había olvidado de ella. Imposible que algo así hubiera sucedido, debía seguir adelante, no había pasado nada. ¿Nos estaba engañando? ¿Se estaba engañando a sí misma? ¿Se había olvidado de verdad de lo que había pasado o solo estaba avergonzada? La verdad es que no tengo ni idea, pero esto es justamente dejarse llevar por la ira y evitarla, en el mismo momento.

Fijación: *resentimiento*

Como se ha mencionado, la pasión del Uno es la ira, pero la ira también es la emoción que más trata de evitar. Si te dejas arrastrar por la ira pero también haces lo posible por evitarla, te encuentras en una situación imposible. Acelerar. Frenar.

Acelerar. Frenar. En todas las direcciones hay algo problemático, algo que quieres atacar y que al mismo tiempo frena esa inclinación. El resultado es que estás constantemente agitado. Los Uno tratan de controlar la ira detrás de lo que creen que es una cara sonriente o apacible, imaginando que engañarán, bueno, a cualquiera. En lugar de compartir sus sentimientos de ira (de forma apropiada o inapropiada), los reprimen. Su verdadero yo retrocede y los que estamos fuera podemos sentirlo. Lo que es genuino y humano desaparece detrás de lo que imaginan que es algo perfectamente educado y que no puede ser criticado. Pero por muy apropiado que parezca su comportamiento, el resentimiento rezuma por todos sus poros. Todo el mundo puede sentirlo, menos ellos mismos.

Estilo de conversación: *predicar*

No importa lo que estén discutiendo –desde qué almorzar hasta a quién votar–, los Uno tienden a aleccionar a los demás. Al igual que hacen los predicadores, nos muestran el camino correcto, la sabiduría superior y las creencias correctas, ya sea para ayudarnos a llegar al cielo o a doblar la ropa. Hablan para corregir, enmendar, enseñar, revisar, etc. Compartir las percepciones sobre tus defectos se considera hacerte un gran favor. A veces lo es. Y a veces no.

Integrado: *en el Siete*

El Siete es el punto exteriorizado de la tríada mental. Los Siete son visionarios, alegres, aventureros; siempre están dispuestos a pasarlo bien. Cuando los Uno se liberan de la necesidad de ser correctos, íntegros e impecables (normalmente alejándose de las responsabilidades cotidianas), se integran en el Siete. Aquí vemos una de las grandes transformaciones del eneagrama. La tensión y la vigilancia se disuelven. Se convierten en efusivos, festivos y alegres. La exuberancia natural que comparten todos los tipos intuitivos encuentra una forma de expresarse libremente y se produce una fiesta. La energía que hay detrás de la ira se expresa como pura vitalidad.

Desintegrado: *en el Cuatro*

El Cuatro es el punto introyectado en la tríada emocional. Los Cuatro absorben emociones del entorno y tienden a la depresión. Cuando un Uno se siente cuestionado, como todos los tipos, recurre a sus defensas naturales. En este caso, eso significa criticar, sermonear, corregir. Si estos esfuerzos resultan ineficaces, adoptan las defensas naturales del Cuatro: se vuelven retraídos y oscuros. Normalmente, los Uno parecen abrazar la positividad porque es «correcto» hacerlo. Un Uno triste en una habitación oscura no es algo agradable de ver, pero existe la posibilidad de que entonces deje de insistir en que, si hay algo que está mal, es que hay alguien a quien culpar, y una vez que identificamos a ese alguien, el problema se habrá resuelto.

Como dijo el psicoterapeuta y autor Sheldon Kopp: «Lo más importante es quedarse sin chivos expiatorios». Un Uno en el Cuatro se ha quedado sin culpables y se ha quedado solo consigo mismo, en toda su complejidad ni blanca ni negra. Así, lo que ha sido suprimido puede abrazarse.

Cuando la severa rectitud del Uno se mezcla con la sensibilidad agridulce del Cuatro, se produce un cambio necesario. Al luchar como pueden contra esta oscuridad, se tornan más tolerantes, cálidos y en sintonía con las energías sutiles. Aunque estas cualidades no son especialmente amigas de una visión del mundo basada en las críticas, se abandona la falsa seguridad de pensar que uno siempre tiene razón y se adopta una forma más pura de conocimiento, que se basa en la presencia auténtica.

Subtipos

Conservación: *preocupación*

Imagínate lo que sentirías si te encargaran organizar una fiesta muy cara para tu jefa, su jefe y el jefe de su jefe. Querrías que todo saliera bien. Ningún detalle sería demasiado pequeño para evitar tu preocupación. Harías listas, listas de listas, comprobarías todo cuatro veces y revisarías todas las cosas que podrían salir mal, una y otra vez. Imaginarías todo tipo de escenarios terribles y pensarías en formas de evitarlos. Te preocuparías. La situación más preocupante de todas es cuando los demás dicen que no hay nada de qué preocuparse.

Esto es lo que se siente al ser un conservación.

Social: *rígido o no adaptable*

La verdad es que si los grupos pudieran funcionar de acuerdo con un conjunto de reglas acordadas, todo iría bien. El mundo sería amable, justo y eficiente. Los individuos sociales creen que hay una manera correcta de que una familia, un partido político, un lugar de trabajo o una iglesia funcionen. Si todo el mundo se ajustara a esa manera, la vida estaría bien. El más mínimo error de la sociedad es motivo de preocupación; los Uno son rígidos en todo. Hay una línea muy estrecha que limita lo que es aceptable en términos de conversación, modales, estilo de vida, etc.

Sexual: *calor*

Toda la atención de un Uno sexual se dirige a sus relaciones más personales, ya sea sus parejas románticas, sus hijos o sus colegas. Hay una sensación de observar a sus íntimos con mucha atención y calibrar la corrección de la relación en cada interacción. Si mantienes una relación con una persona así, te miran tan de cerca que hasta la interacción más mundana se siente demasiado íntima. Aunque a veces sea difícil de creer, su motivación es ayudarte (les cuesta entender que no siempre se piense bien de ellos).

Este es el contratipo. Los Uno sexuales son menos propensos a contener su cólera y pueden parecer más del tipo Ocho.

Arco de transformación: *de la ira a la serenidad*

Como para todos los tipos, el camino para los Uno no consiste en abandonar un supuesto estado mental negativo para sustituirlo por un estado supuestamente más saludable. Más bien, se trata de ver cómo la ira y la serenidad (en este caso) existen en un único espectro y, de hecho, son aspectos de un único estado mental. No están simplemente relacionados. Son la misma cosa.

Para ilustrarlo, podemos observar la visión budista de la ira y su corolario, la sabiduría espejada. No importa la causa, la ira es aguda, nítida, definida. No hay nada inherentemente malo (o correcto) en la agudeza, la nitidez y la definición. Por lo general, es la historia que atribuimos a la ira lo que crea problemas en el nivel espiritual. Por favor, ten en cuenta que no estoy diciendo que la ira en sí misma sea un problema. No lo es. Sin embargo, el daño que puede causarnos a nosotros mismos y a los demás sí lo es. Si encontramos una manera de dejar de lado la historia de la ira por un momento, lo que queda es un tipo de vigilia potente. No se puede tener sueño y estar enfadado. Cuando se separa de las preocupaciones personales, y en su lugar se mantiene como una fuente de poder, descubrimos que podemos reflejar lo que es verdadero con precisión. Las tonterías no pueden encontrar acomodo en nuestro ámbito. No podemos ser engañados. Otros son menos capaces de engañarse a sí mismos a la luz de nuestra clara mirada. Reflejamos lo que es real sin tomarlo como algo personal.

Como con todos los estados mentales aflictivos, la comprensión del aspecto de la sabiduría comienza con la separación de la emoción de la historia que le atribuimos. Aunque la historia puede ser bastante convincente (y profundamente precisa) –«Estoy enfadado porque fulano de tal dijo tal cosa; si se hubieran tomado otras decisiones, esto no habría ocurrido; es culpa mía»–, no es útil para acceder al poder interno de cualquier emoción en particular. No estoy diciendo quc la narrativa no sea importante; puede marcar la diferencia entre la vida y la muerte. Solo digo que conocerla no te ayudará a descubrir el poder que contiene la emoción; sentirla, sin embargo, sí lo hará. Así que empezamos, como se ha dicho, separando lo que se siente de lo que se piensa sobre lo que se siente. Cuando el argumento desaparece, nos quedamos con... algo más. No es bueno. No es malo. Simplemente es.

Hacer esto con la ira es difícil y fácil a la vez. Es difícil porque la ira es cegadora. Puede que no haya un espacio en el que considerar la posibilidad de separar el sentimiento de la historia. Es fácil porque es muy sencillo identificar la ira. Aunque ciertamente hay diversos grados, la ira no es una emoción que se controle con facilidad.

Imagina tu rabia si alguien se te cruza mientras estás conduciendo. Aunque yo nunca lo he hecho (aparte de cada vez que lo hago), tu respuesta podría ser: «¡Vete a la mierda! «¿Cuál es tu problema, imbécil?, etc.». Bien, de acuerdo. Estos pueden ser pensamientos muy razonables, pero no son lo mismo que un sentimiento. Digamos que puedes dejar de lado esos pensamientos por un momento o guardarlos en el fondo de tu conciencia en lugar de permitir que te dominen y sintonizar con cómo sientes la ira. Tú. Ahora mismo. Si fuera yo, si alguna vez cayera tan bajo (cosa que hago constantemente), probablemente sentiría la ira como una especie de calor interno muy concentrado. Mi cara se sonrojaría. Mi temperatura corporal aumentaría, ya sea de verdad o en mi imaginación. Mi mente se reduciría a un agujero de alfiler centrado únicamente en el asunto en cuestión. Todas las demás preocupaciones desaparecerían. «¿De qué va mi vida?». A quién le importa. «¿Qué debo hacer con el resto de mi día/año/vida?». No me interesa. «¿Ese amigo por el que me he preocupado?». Se ha ido de mi mente. «¿Por qué estoy en este coche, para empezar?». No lo recuerdo. Todo lo que queda es algo agudo, enfocado, implacablemente claro e imposible de controlar con la lógica, la vergüenza o las advertencias a uno mismo. Así es como se siente la ira. Es enorme y lo abarca todo. Literalmente, no tiene sentido gritarle a la ira: «¿POR QUÉ NO PUEDES RECUPERAR LA SERENIDAD?» (perdón por las mayúsculas. Supongo que esto es lo que pasa cuando se escribe sobre la ira).

La agudeza, la concentración y la precisión sin concesiones no son cosas malas. Estas son las cualidades a las que los Uno tienen un acceso especial, aunque se ven enturbiadas (como nos ocurre a todos) cuando las enterramos en un arco narrativo primero y consideramos su utilidad después.

En la visión budista, la ira se considera un corolario de la claridad, una forma de reflejar la realidad con nitidez, enfoque y precisión. El yo (el que se enfada) debe estar completamente presente y en sintonía con el estado interior, al tiempo que elimina todo lo personal; todo un truco. El apego, la ignorancia y, sobre todo, la agresión (los tres venenos) son derrotados.

Espero que entiendas adónde quiero llegar. La ira, la agudeza, el enfoque, etc., permanecen, mientras que los tres venenos son desterrados. La propia naturaleza de la ira es la lucidez. Como un lago que puede ser agitado por el viento y las tormentas, volverse tibio o salvaje, eventualmente volverá a un estado natural de quietud. Un lago no trata de negociar, ignorar o luchar contra los elementos. Responde a todo lo que le toca con perfecta precisión y luego vuelve a instalarse en sí mismo. Esto es lo que se entiende por serenidad.

El Guerrero del Esfuerzo

Cuando la cólera se transforma en serenidad, los Uno no se quedan tumbados sin hacer nada, sino que se ponen en marcha, dispuestos a ayudar a quien sea, a acabar la tarea que tienen entre manos y a restablecer, si es necesario, el orden natural.

En mi formación budista, esto se llama jerarquía natural. Todo tiene un lugar, no porque el Uno haya decidido que sea así, sino porque es así.

Cuando las palabras «justo así» aparecen en una liturgia budista tántrica, significan: «Ahora todo se ha juntado perfectamente». «Justo así» y la jerarquía natural tienen mucho en común. Todo tiene su lugar legítimo, y por todo, no solo me refiero a dónde se ponen los zapatos o dónde se cuelga el sombrero (es decir, no en el mismo lugar), aunque no son detalles sin importancia. También me refiero a cuándo eliges hablar, cómo diriges tu casa y cuándo y a quién ofreces tus regalos. «Justo así» tiene el sentido de cumplir tan perfectamente con el momento que te conviertes en el momento.

Hay muchos detalles implícitos en la toma de estas decisiones de momento a momento sobre la colocación de los objetos y la energía. Cuando la unicidad de la ira se libera en el enfoque (la cualidad subyacente de la ira), la visión clara, que estaba allí todo el tiempo, no se ve obstaculizada. Cuando no hay oscurecimiento de la visión, no hay vacilación para actuar. En los niveles exterior, interior y secreto, los liberados saben exactamente dónde debe ir todo.

Hace muchos años, tuve un accidente de coche muy grave, tan grave que no tengo ningún recuerdo de él. Sí que recuerdo haber puesto el pie en el acelerador para avanzar cuando el semáforo se puso en verde. Mi siguiente recuerdo es que me desperté en cuidados intensivos unos días después (un conductor borracho se había saltado un semáforo en rojo y se estrelló contra mí). A menudo me pregunto por esos días entre diversos estados de consciencia. ¿Adónde fui tras el accidente y durante los días de múltiples procedimientos quirúrgicos, uno tras otro, para reparar las lesiones de los órganos internos? No tengo ni idea. Todo lo que recuerdo son los momentos antes de volver en mí. Lo que recuerdo –y estas palabras son una narración *a posteriori*; la verdad está en algún lugar más allá de las palabras– es una sensación sobrenatural de malestar y profunda perturbación. Sabía que había ocurrido algo terrible, intolerable y sumamente amenazador, pero no sabía qué era. ¿Fui la que provocó el accidente o yo fui la víctima? No tenía ni idea, y no saberlo me sumió en un estado de tormento que no puedo describir.

En algún momento, aparentemente, empecé a moverme. Mi madre estaba sentada junto a mi cama, sosteniendo mi mano.

Me vio abrir los ojos y lo primero que me preguntó fue: «¿Sabes dónde estás?». Negué con la cabeza. «Estás en el hospital. Tuviste un accidente de coche, pero no fue culpa tuya». Se quedó mirando cómo me relajaba y me volvía a dormir, presumiblemente en un estado de mayor tranquilidad.

Pensé que el amor inspiró a mi madre para decirme lo que yo necesitaba oír, y probablemente sea cierto. Pero también es cierto que mi madre es un Uno. Ella discurre por el bien y el mal, la inocencia y la culpa, la absolución y la crítica.

El juicio de valor puede ser un arma, no tener sentido, o indicar una falta de matices, pero a veces es exactamente lo que se necesita para convertir el caos en orden. Existe el bien y el mal. La moral importa. A veces tenemos la culpa y a veces no. El deseo de evitar la culpa cuando uno es realmente culpable puede provocar todo tipo de locuras agresivas. Sin embargo, también es cierto que situar la culpa donde realmente corresponde puede eliminar la vergüenza, la culpabilidad y el miedo... y, tal vez, devolverte a la vida.

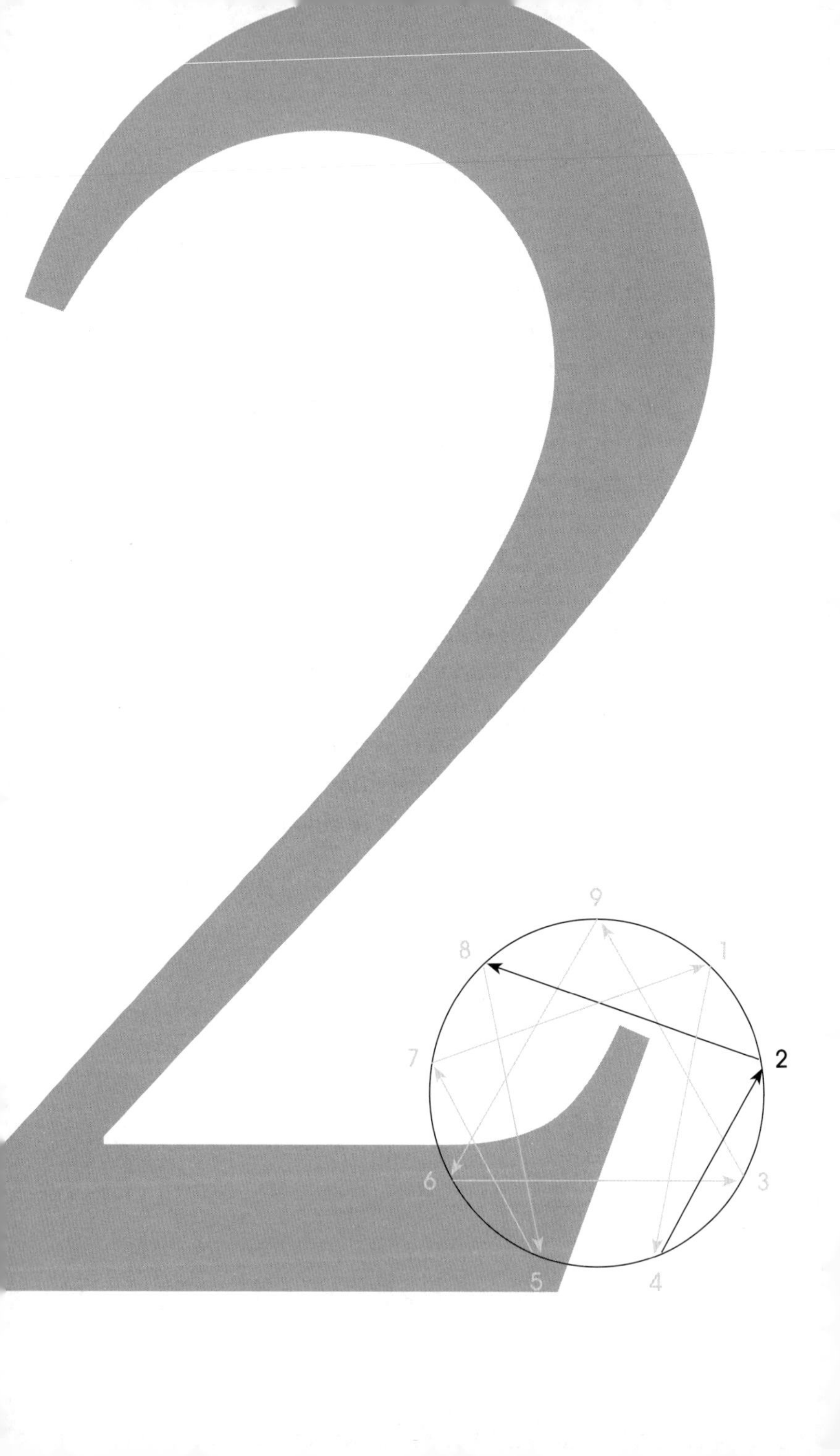
9
8
1
7
2
6
3
5
4

DOS
El Guerrero del Amor

> El mejor regalo que puedes hacer es ser honesto contigo mismo.
>
> FRED ROGERS

El eneatipo Dos es el primero de las tres puntas de la tríada del corazón. Los Dos tienen un don especial para amar, lo que puede sonar fantástico y puede serlo. Sin embargo, cuando el hecho de ser amado se ve como una credencial, pierde su calidez. El camino para los Dos consiste en establecer conexiones basadas en la amistad auténtica, en lugar de en negociaciones emocionales subterráneas, convirtiendo el orgullo de ser necesitado en la humildad de ser verdaderamente beneficioso.

Los Dos expresan en exceso la emocionalidad de la tríada del corazón. Se muestran comunicativos, atentos y extrovertidos. Los Dos quieren y obtienen el poder, y ganan su deseado sentido de sí mismos creando una conexión emocional con quien ven que tiene el poder en su área de interés y estableciendo una relación con ellos. «Conozco al presidente del banco»;

Mi jefe tiene un MBA por Harvard»; «Sé quién es el anfitrión de la Gala del Met»...

Los Dos tienen una extraña habilidad para crear este tipo de conexiones, ya que detectan el pequeño punto débil de tu corazón y le hablan con palabras o gestos. Los Dos cambian de forma para presentarse y adoptan la que creen que va a llamar tu atención. Parecen estar ayudándote, y en algunos casos es así, pueden estar haciéndolo, pero, en otros, pueden estar dando para obtener.

El verdadero poder de los Dos resulta evidente cuando pueden dejar a un lado sus sentimientos de impotencia personal y se dan cuenta de que no necesitan depender de otros para tener su lugar en este mundo. Cuando la mentalidad de pobreza de Dos se disuelve, solo queda el don de la verdadera generosidad. Conservan la capacidad de sentir en su corazón, pero sin calcular cómo utilizar lo que encuentran al servicio de su agenda personal. Más que cualquier otro tipo, los Dos pueden conocernos por lo que realmente somos. Cuando su generosidad natural deja de funcionar como una toma de poder, evoluciona hacia una asombrosa capacidad de intimidad, servicio y curación de las heridas de los demás.

Cuando alguien cuida a un ser querido que está enfermo o moribundo, todo –desde la temperatura de la habitación hasta el peso que se añade a la cama al sentarse junto a él, desde el lugar en el que cuelga su bata hasta si es más cómodo estar sentado que tumbado– pasa a recaer sobre esa persona. Sin pensárselo dos veces, sus necesidades pasan a un segundo plano. Esto es lo que se siente al entrar en el dominio del Dos.

Pasión: *orgullo*

El orgullo aquí se refiere al orgullo de ser necesitado. Los Dos buscan ser esenciales para los demás. La mayoría de nosotros queremos ser vistos como esenciales para los que amamos, porque... los amamos y queremos ser reconocidos como importantes para nuestros seres queridos. Para los Dos no es diferente. Sin embargo, cuando están desequilibrados, los Dos pueden cultivar la centralidad como una forma de hacerse con poder. Esto puede adoptar muchas formas, desde: «Soy el único que sabe cómo funciona el mando de la televisión (porque escondí las instrucciones)» hasta: «Sin mi consejo superior, tomarías todo tipo de decisiones alocadas». El resto de nosotros puede resistirse a que nos necesiten (vale, yo lo haría), pero para los Dos sentirse necesitado es como un depósito de gasolina.

Virtud: *humildad*

Cuando se me necesita, estoy listo. Cuando no lo estoy, está bien. No tengo ningún deseo de intervenir en la situación a menos que pueda ser realmente beneficioso. Cuando un Dos relaja la necesidad de ser necesitado, el enfoque incesante en la inserción de uno mismo se disipa, la curación emocional está disponible para uno mismo y para el otro, y es posible una conexión más genuina con los demás.

Idealización: «*Soy útil*»

La sensación de poder personal de los Dos proviene de ser necesitados. Poseen un don asombroso para saber lo que necesitas antes de que seas consciente de ello. Cuando un Dos ofrece eso que necesitas, sientes que te ha echado un vistazo profundo y ha visto quién eres realmente bajo tu armadura. Y aunque se equivoque, lo curioso es que puede parecer que acierta. Piensas que tal vez te ve mejor que tú mismo. Todos los tipos son capaces de crear una gran y vasta luz de gas, pero los Dos pueden ser particularmente buenos en ello. Como evitan sus propias necesidades (ver más abajo), se hacen luz de gas a sí mismos creyendo que, en cada relación, la otra persona es más importante que ellos.

Evitación: *sus propias necesidades*

En el trabajo, en el amor, con los amigos, en casa…, todo el protagonismo parece recaer en el otro. Es muy difícil que los Dos se pongan realmente en primer plano.

Fijación: *adulación*

Los Dos, como se ha mencionado, evitan sus propias necesidades. Si se sienten peligrosamente cerca de llegar a descubrir cuáles son esas necesidades en una relación afectiva, pueden desviar inmediatamente el foco de atención comentando lo bien que se te ve, tu perspicacia superior, tu brillantez no descubierta (excepto por ellos). Es una estrategia bastante brillante porque funciona.

Estilo de conversación: *dar consejos*

Otra gran manera de desviar la atención de ellos mismos y así consolidar su centralidad en tu vida es utilizar el discurso para enfatizar una vez más lo mucho que la relación tiene que ver *contigo*. Si le preguntas a un Dos: «¿Qué tal con tus estudios del eneagrama?», puede contestarte algo como: «¿Sabes qué? Deberías estudiar el eneagrama. Te ayudaría mucho en tu trabajo como *coach* de vida/astronauta/repostero. Deja que te recomiende algunos libros».

Integrado: *en el Cuatro*

Los Cuatro son sensibles a su experiencia interior. Cuando un Dos se siente a gusto en su propia piel, adopta la sintonía del Cuatro con las sutilezas de la vida interior. En lugar de preguntarse: «¿Cómo puedo utilizar mi experiencia para servir a los demás? (ya sea de forma genuina o para promover unos intereses particulares)», un Dos en el Cuatro puede apropiarse de su experiencia como algo personal, íntimo y significativo, como un fin en sí misma.

Una vez trabajé con un Dos que era un consultor de marketing muy respetado, bien remunerado y muy exitoso, que trabajaba exclusivamente con empresas de la lista Fortune 100. Había creado un gran éxito para otros. Había creado muchos éxitos para otros. Su lista de espera era impresionante. Había conseguido riqueza para él y su familia. Todo bien, ¿no? Sí. Excepto por una cosa. Ya no tenía interés en hacer ese trabajo, al menos no en la forma en que lo había estado haciendo. En algún momento, se dio cuenta de que se había dejado a sí mismo fuera de las relaciones laborales. Todo se hacía según el estilo de trabajo del cliente. Si se valoraba la rapidez, él era el más rápido. Si se centraba la investigación, él conocía las últimas estadísticas. Si había que retocar los tiempos, él sabía exactamente cómo hacerlo. Un día, llegó a casa tras una jornada de enrevesadas negociaciones sobre un contrato de servicios (que supuso un ahorro de millones de dólares para su cliente), pero en lugar de celebrarlo, sollozó. Estaba agotado. Cuando intenté decirle que sus lágrimas eran una muy buena señal (aunque no se lo pareciera), no pudo entender por qué se lo decía. Sin embargo, cuando lloramos, es porque estamos en contacto con algo importante que también es bastante personal. Para los Dos, esto inicia un proceso de integración decisivo y el dolor constante del Cuatro puede ayudar realmente.

Desintegrado: *en el Ocho*

Este es uno de los cambios más interesantes y volátiles del eneagrama. Los Dos son deferentes a la hora de establecer un canal de intercambio abierto. Los Ocho buscan dominar y tomar lo que quieren; rara vez son deferentes. Cuando un

Dos utiliza todas sus artimañas pero no recibe nada a cambio, toda la amabilidad desaparece en un instante y la rabia ocupa su lugar. La ira no es compatible con la renuncia a las propias necesidades. La ira se centra en uno mismo. No hay ninguna vía de escape ni forma de pretender que mi ira sea realmente beneficiosa para ti. No, me consume dentro de mí mismo y, para un Dos, esto es un encuentro innegable con su propia fuerza vital.

Subtipos

Conservación: *«Yo primero»*

Los Dos conservación dan y dan, y parecen ser los más abnegados de todos los Dos. Pero cada regalo que hacen transmite un marcador y estos marcadores se acumulan. En ningún momento se sabe que éste es el trato hasta que llega el momento de pagar.

Solía trabajar con una asistenta virtual (AV) recomendada por un amigo que también era un pequeño empresario independiente. Esta AV se especializaba en trabajar con clientes «creativos» que tenían sus propios negocios. Con el tiempo, llegué a conocer a algunos de sus otros clientes. Para cada uno de nosotros, la AV se había convertido en indispensable. Ninguno de nosotros podía recordar cómo era la vida antes de que ella llegara y limpiara todos nuestros desórdenes. Podía ocuparse de cualquier petición, por compleja que fuera. Parecía no cansarse nunca. Nunca se quejaba. Cada conversación era sobre cómo podía ser más útil. De vez en cuando, sin embargo, ella pedía… algo: que cambiara de cliente de correo electrónico; que trasladara las llamadas semanales de las mañanas a las tardes; que llamara a un proveedor de servicios para pedir algo en su nombre… Cada petición era totalmente normal, pero la sensación que tenía al recibirla no lo era. Sentía la necesidad de dejar todo lo que estaba haciendo y hacer lo que ella me pedía en ese mismo instante, y no podía relajarme hasta saber que la petición se había cumplido. Resulta que a los otros clientes les pasaba lo mismo, aunque ella nunca, ni de palabra ni de obra, transmitió nada exigente. Pero de alguna manera se había creado un contrato. Aunque era aparentemente inocente, me acostumbré a este sentimiento en otras relaciones, y siempre que me encontraba haciendo cosas por alguien sin saber muy bien cómo me había obligado, me preguntaba si estaba en presencia de un Dos conservación.

Se dice que este es el contratipo, el Dos que no se parece a los otros Dos y, por lo tanto, puede ser más difícil de tipificar.

Social: *ambición*

Los Dos sociales utilizan su capacidad para relacionarse con personas poderosas para alcanzar sus objetivos personales. A diferencia de los otros Dos, no son tan reacios a ponerse en el centro del escenario. Este Dos puede parecerse a un Tres o incluso a un Ocho (yo habría pensado que este era el contratipo del Dos y no el Dos conservación, pero esa no es la visión clásica).

En mi mundo, el de los profesores de autoayuda y/o maestros espirituales, hay muchos Dos sociales (y sexuales, por cierto). Algunos de ellos están realmente dotados y han ayudado a millones de personas, así que no pretendo descartarlos. Sin embargo, su mensaje externo puede ser: «Todo esto es sobre ti. Sé exactamente lo que debes hacer para llegar a donde quieres», mientras que el mensaje recibido es: «Me necesitas para llegar allí». Es muy fácil –y tentador– quedar atrapado en este juego emocional. Estos Dos no tienen miedo de ser obviamente poderosos. A diferencia de los otros dos subtipos, buscan el trono de una manera más clara.

De acuerdo, no estoy diciendo que todos los Dos sociales sean líderes de sectas, pero muchas de las historias que he escuchado, documentales que he visto y experiencias personales en el mundo de la espiritualidad apuntan a esta energía: «Lo hago todo por ti. Conozco el camino. No quiero nada de ti... hasta que lo quiera».

Sexual: *seducción*

Los Dos sexuales se basan en ser tan increíblemente cautivadores que no tienes más remedio que capitular a sus peticiones. A diferencia de los otros Dos, no parece que hagan cosas por los demás como forma de conseguir que hagan cosas por ellos mismos. Más bien, exudan tanto encanto libidinoso que te encuentras deseando hacer cosas por ellos solo para permanecer en su órbita.

Arco de transformación: *del orgullo a la humildad*

La pasión del Dos es el orgullo y, normalmente, su virtud es la humildad. Un Dos que puede desprenderse de sí mismo para volverse hacia la verdad del momento presente y sus necesidades exhibe lo que podríamos llamar «ausencia de ego». Prefiero esto a la humildad, que puede transmitir un sentido de abnegación o un altruismo desinteresado que sugiere que el donante se ha borrado a sí mismo de la escena. En este caso, la falta de egoísmo podría significar lo contrario: el donante está tan presente, tan inmerso en el momento presente, tan ilimitado en su voluntad de fundirse con los demás, que está en un estado constante de dar. Lo que se da no tiene nada que ver con ellos. Y no podría ocurrir sin ellos. Esta es una forma de describir la falta de ego.

En otras palabras, los Dos tienen el don de dar. Dar es un gesto muy complicado, en realidad. Cuando queremos ofrecer algo a alguien, por supuesto nos imaginamos si es algo que quiere o no quiere. También imaginamos lo que el regalo dirá de nosotros por haberlo elegirlo: «¿Sabe el destinatario cuánto me he gastado? ¿Aprecia que sabía que era algo que quería? ¿O prefiero que se me reconozca el mérito de haber pensado en algo que ni siquiera sabía que quería, pero que ahora le encanta?». Por supuesto que quieres que reconozcan tu generosidad (y así debe ser), pero si alguna vez has elegido un regalo más por lo que ese regalo dice sobre ti que por cualquier otra cosa, estás en el ámbito de la tríada del corazón, a veces también llamada tríada de la imagen. Los que están en la tríada de la imagen ven a través de sus propios ojos y a través de los tuyos simultáneamente. Aunque esto puede dar lugar a grandes gestos de amor, marketing y/o poesía, también es propicio para el despliegue de gestos manipuladores.

¿Qué es lo que señala la diferencia? ¿Cómo se puede saber si se está simplemente dando... o dando para recibir? Esta es la cuestión central para el Dos.

Su deseo es parecer necesario. Para lograrlo, restan importancia a sus propias necesidades para centrarse en las de los demás. A primera vista, esto puede parecer lo opuesto al orgullo y, de hecho, cuando está arraigado en la compasión genuina y la bondad, lo es. Pero cuando se utiliza como una estratagema para consolidar la propia posición o el sentido de sí mismo, es una manipulación.

Tenía una amiga que frecuentaba un pequeño restaurante de su barrio. De vez en cuando, tenía que esperar por una mesa y eso le disgustaba. ¿Su solución? Se empeñó en contar a sus amigos y vecinos lo mucho que le gustaba el restaurante y en que los propietarios supieran lo que estaba haciendo para apoyar su negocio: «¿Vinieron mis amigos la otra noche? Les dije que hacías los mejores sándwiches de pastrami de la ciudad. ¡¿Lo hicieron?! ¡Qué maravilla!», o: «Mis vecinos estaban buscando un buen sitio para llevar a la familia y, por supuesto, les hablé de vosotros. Vinieron con diez personas». Y así sucesivamente. Nunca más tuvo que esperar por una mesa. Sin duda, estaba siendo realmente útil para el local. Pero su ayuda no estaba separada del resultado deseado. La recompensa era lo principal, aunque estaba cuidadosamente escondida detrás de un gesto de buen corazón. Son maestros del *quid pro quo*.

Aunque se posicionan como invisibles y sin necesidades, los Dos han colocado sus propias necesidades en el centro de la relación. Esto es lo que se entiende por orgullo: «Todo gira en torno a mí, aunque yo haga parecer lo contrario». Esto es toda una habilidad. Sin embargo, cuanto más parece que un Dos da, más necesita de los demás. El cambio necesario es transformar el «dar para conseguir» a simplemente dar, y tener la humildad de reconocer que las habilidades, la presencia y las ideas de uno pueden no ser necesarias en todas las situaciones.

¿Por qué mecanismo la apariencia de generosidad se convierte en generosidad real?

El primer paso es observar que la apariencia de generosidad no es posible sin saber primero qué es la verdadera generosidad. Los Dos tienen una capacidad natural para detectar lo que se necesita; es su arte. Tras la detección, sin embargo, Dos tienen una habilidad igualmente natural para determinar cómo lo que necesitan los demás puede utilizarse en beneficio propio. Si eres un Dos, deja de preocuparte por esto y, en su lugar, vuelve al primer compás: puedes ver en el corazón de los demás. Qué fantástico. ¿Y ahora qué?

Transmutar el egoísmo en generosidad puede adoptar varias formas y, de hecho, se dice que es la esencia misma del viaje espiritual. Algunos lo llaman el cultivo de la ausencia de ego. Otros pueden hablar de la práctica de la benevolencia. Hay muchas enseñanzas sobre las formas que puede adoptar la generosidad. Para nuestro propósito, para entender el arco de la transformación del orgullo en humildad, podemos ver la falta de ego y la bondad como la misma cosa.

A menudo, la ausencia de ego se interpreta como «no importas». «Eso es solo tu ego», pueden decir las llamadas personas espirituales cuando te enfadas. Cuando escucho esto, mi ego quiere golpear su ego en la cara (es broma. Más o menos). Su ego está invertido en la desaparición de los problemas de mi ego. Esto no puede ser lo que el Buda quiso decir con la ausencia de ego. ¿Qué quiso decir entonces? Aunque no soy un ser realizado (es decir, sin ego), puedo decir que, en mis consideraciones personales, he descubierto que la ausencia de ego tiene más en común con la capacidad de benevolencia hacia uno mismo y hacia los demás que con la negación de uno mismo.

La benevolencia, por cierto, no significa ser amable con todo el mundo. Es decir, a veces sí, pero otras veces, lo benevolente puede ser gritar a alguien o ignorarlo. La verdadera benevolencia surge en el momento (en lugar de siguiendo un manual de instrucciones) y es en respuesta a lo que está sucediendo, *no a la apariencia de la respuesta de uno a lo que está sucediendo*. Este es el quid de la cuestión para vosotros (y para todos nosotros), amigos Dos.

La benevolencia es una cualidad que surge naturalmente al reconocer que no somos diferentes de… nadie. Todos los seres quieren las mismas cosas (aunque algunos tienen formas muy locas de conseguirlas). Todos queremos ser felices, estar seguros y en paz. Y punto. Reconocer esto es empezar a desembarazarse de las garras del ego. Si ese control se relajara por completo, se reconocería que lo que te doy a ti, también me lo doy a mí mismo. Aquello que te falta también me falta a mí. Tu felicidad es mi felicidad. Tu sufrimiento lo siento como propio. Aquí, en lugar de que la falta de ego sea una especie de liberación forzada del engreimiento, es más bien una fusión de corazones. Si eres un Dos, tienes una gran ventaja en este juego. Gracias, en nombre de todos los seres.

Para pasar del orgullo a la humildad, en lugar de ver lo que se da como algo que va de mí a ti, se podría empezar por reconocer que todo lo que doy funciona al revés: viaja de ti a mí. Gracias por la oportunidad de hacerme más feliz haciéndote más feliz a ti. Gracias por la oportunidad de reconfortarme a mí mismo reconfortándote a ti. Gracias por hacer un sándwich de pastrami tan fenomenal. Cuando les digo a mis amigos que tú puedes ayudarlos, me siento bien. En este sentido, la humildad es lo contrario a no tenerse en cuenta. Es verse a sí mismo como alguien plenamente integrado en su mundo, capaz de dar y de recibir. No hay puntos de bonificación por ser el dador ni por ser el receptor. Es lo mismo.

Hay innumerables formas de desplegar la generosidad. Desde el punto de vista budista, la verdadera generosidad adopta tres formas. Examinarlas puede ser especialmente útil para los Dos (o para cualquiera, en realidad) que deseen conocer detalles sobre cómo avanzar en el proceso del orgullo a la humildad.

Dar regalos materiales

El lugar obvio para comenzar es ofrecer lo que se necesita en situaciones de la vida real. Estos regalos pueden incluir comida, dinero, ropa, alojamiento, etc. La intención aquí no es arruinarse, sino compartir lo que se tiene con los demás. Cuanto menos dramatismo rodee tus ofrendas, mejor. Es muy tentador (y comprensible) querer una recompensa por la propia generosidad. La práctica aquí es dar sin llamar especialmente la atención sobre lo que das, incluso evita darte bombo a ti mismo. Es decir, está bien –maravilloso, incluso– estar positivamente orgulloso de lo que eres capaz de compartir con los demás. De hecho, es encantador estar dispuesto y ser capaz de hacerlo. Pero la práctica aquí es que sea un acto sencillo; sin drama.

En la medida de lo posible, realiza tus ofrendas sin que nadie lo sepa. No reclames recompensas, ni publicidades, ni un estatus especial. Deja que cada regalo que des se convierta en tu amigo secreto.

Dar el regalo de la intrepidez

Hay una línea en un canto que recito antes de la práctica de meditación que dice: «En la oscuridad de la espantosa existencia, todos los seres están poseídos por los *döns* (dificultades) de la ignorancia». La ignorancia aquí no significa que no sepamos algo que deberíamos saber. Más bien, todos ignoramos, por ejemplo, lo que va a ocurrir en el futuro, el verdadero significado de lo que ha sucedido en el pasado, cómo estar realmente presentes, incluso quiénes somos en realidad. No somos ignorantes porque seamos estúpidos, sino porque sin ser seres plenamente iluminados, es imposible comprender esas cosas. Nos esforzamos mucho por evitar saber que en realidad no sabemos mucho sobre nuestra propia existencia o el mundo en el que vivimos. Desarrollamos teorías, sistemas, estrategias, opiniones, juicios, filosofías, lógicas, creencias, certezas de todo tipo, algunas de las cuales son muy hermosas y valiosas. Pero ninguna de ellas es realmente cierta, o al menos no lo es todo el tiempo. Esto es muy confuso, por no decir aterrador. Todos los seres están poseídos por esos miedos, al parecer. Regalar la intrepidez no es afirmar las teorías, creencias y demás de nadie, sino hacer lo posible para crear confianza en este viaje que no tiene ni arriba, ni abajo, ni centro, ni flecos.

¿Cómo se crea esa confianza?, te preguntarás. Ya lo sé. Lo sé. Como me enseñaron, crear confianza o dar el don de la intrepidez, tiene dos pasos:

1. Ofrecer algo real (es decir, no inventado o teórico).
2. Lo que es real es algo que tú mismo *sabes* por experiencia personal.

Ofrecer el regalo de la intrepidez es, por supuesto, algo que todos podemos esforzarnos en hacer, pero para los Dos es una actividad especialmente potente porque es invisible. La entrega invisible, como se ha dicho, es una forma de pasar del orgullo a la humildad.

Dar el regalo del *Dharma*

Dharma significa sendero o sabiduría. No significa el *Budadharma*, sino *tu dharma*. ¿Qué sabes realmente? ¿Cómo puedes apoyar a otros en su viaje, si tiene o no algún parecido al tuyo propio? ¿Cómo puedes animar a los demás a profundizar en su propia sabiduría en lugar de asumir lo que tú consideras sabio? Quizás más importante, ¿cómo puedes invitar a los demás a confiar en sí mismos? Al fin y al cabo, el verdadero maestro es la propia inteligencia. Ayudar a los demás a confiar en sí mismos no consiste en aumentar su autoestima elogiándolos. Tiene mucho más que ver con interesarse por lo que son y lo que observan, en lugar de intentar transmitir lo que somos y lo que observamos. Aquí, la curiosidad es el principal mecanismo de entrega de regalos en lugar de suponer, bueno, cualquier cosa.

El arco de transformación del orgullo a la humildad aparece «completo» cuando ya no tienes dudas sobre tu propio valor. Lo sé, lo sé. Esto puede sonar como lo opuesto a la humildad. Sin embargo, la verdadera humildad no es sinónimo de menosprecio reflexivo por uno mismo o de minimizar constantemente tus dones hasta el punto de que tú mismo ya no estás seguro de que existan realmente. La verdadera humildad es posible cuando se confía en la propia valía, y no porque se haya hecho un recuento de los puntos buenos y malos, y el gráfico sea como quieres que sea. En este caso, la confianza es la voluntad de dejar de lado cualquier idea sobre tus cualidades buenas y malas para mostrarte en cada momento de tu vida, desprotegido y abierto. Desde esa postura eres capaz de discernir con precisión lo que se necesita, cuándo puede ser oportuno y si eres la persona adecuada para ofrecerlo. A veces lo serás y otras no. En cualquiera de los dos casos, te mantienes sentado dentro de tu falta de duda. Ya no dependes de la confirmación externa para saber que existes. Como en todos los casos de transformación genuina, esta no podría ocurrir sin ti, y no tiene nada que ver contigo. Esta es la máxima expresión de la humildad.

El Guerrero del Amor

Hace muchos años, mi marido me habló de una mujer que vivía en el barrio en el que él creció que era amiga de sus padres. Se llamaba Marian Miller. Todos ellos vivían en un enclave brahmánico de clase media alta en las afueras de Boston: banqueros, abogados, los Cabots, los Lodges, etc. En algún momento, la señora Miller decidió: «No es para mí», y se mudó al East Village de Nueva York, comenzó a practicar zen, y se convirtió en Marian Miller Minuski. Todo un cambio desde los canapés en la terraza y las empanadillas de Veselka.

Un día, cuando estábamos en Nueva York, mi marido sugirió que la visitáramos por los viejos tiempos. Cuando llamamos a la puerta de su cuarto piso sin ascensor, no sabía qué esperar..., y cuando nos fuimos después de una visita de dos horas, no estaba segura de lo que había pasado..., y todavía no lo estoy.

Una mujer mayor con una rebeca, un moño desordenado, una sonrisa amable y una presencia fantástica abrió la puerta para recibirnos. Nos invitó a pasar y nos ofreció asiento en su sofá mientras ella se sentaba frente a nosotros en una silla. Cuando fue a la cocina a buscar té y galletas, miré alrededor. En sus estanterías había libros y chucherías. Tenía unas cuantas plantas en maceta, algunos pósteres en la pared, un tocadiscos. Todo era muy sencillo, sin pretensiones, bien utilizado. Nada destacable. Hasta que volví a mirar, y me di cuenta de que estaba sentada en un palacio y que Marian Miller Minuski era en realidad una reina. Cuanto más observaba el entorno, más me sentía atrapada por... algo. Realmente, no sé cómo describirlo, pero cuando me bebí el té (Liptons, leche y azúcar) y me comí una galleta (Chips Ahoy), todo me supo a ambrosía. Me había equivocado al pensar que estaba en un apartamento normal y corriente comiendo productos comprados en la tienda. No, el entorno se había transformado en un espacio de puro amor a fuerza de su insospechada voluntad de dar su atención, presencia y cuidado a cada objeto de su mundo, en cada día de su vida, con cada gesto que hacía. Su doble capacidad para detectar lo que se necesitaba y darlo sin apego al ego («¿Qué dice esto de mí? ¿Qué pensarán los demás? ¿Qué puedo ganar con esto?») había impregnado la atmósfera de una riqueza luminosa. Su corazón y el espacio en el que vivía se habían fusionado a través de innumerables gestos diminutos e infalibles de generosidad. Me senté más erguida, escuché con más atención y lo aprecié... todo.

El genio del Dos es la capacidad de atender profundamente a lo que es. Encontrar a alguien que sabe utilizar este don es encontrar el amor mismo. También es un encuentro con la verdadera falta de ego, donde no hay dador, ni receptor, ni regalo, solo la verdad de la interconexión absoluta. La capacidad de atender con el corazón es un acto de amor genuino y valiente, a la vez que una manifestación perfecta de uno mismo.

9
8
1
7
2
6
3
5
4

TRES
El Guerrero de la Realización

> Para entender la música, hay que escucharla. Pero mientras pienses: «Estoy escuchando música», no estás escuchando.
>
> ALAN WATTS

Los Tres son el punto central de la tríada del corazón y, por tanto, no pueden acceder plenamente al contenido del suyo propio. Su viaje del engaño a la honestidad es bastante profundo: consiste en dejar de mentirse a sí mismos sobre lo que realmente sienten y lo que realmente son. Aunque les mueve la necesidad de conectar, amar y ser amados, los Tres son reacios a mirar hacia dentro (donde se originan todas estas necesidades). Hay un anhelo de amor y una reticencia simultánea a sentir. El amor sin sentimiento es imposible; más bien, se convierte en una especie de transacción basada no en la emoción, sino en la apariencia de las emociones. Cuando no puedes (o no quieres) sentir tu propio corazón, llegas a creer que la forma en que las cosas parecen es la forma en que son. «Si parezco feliz –piensa un

Tres–, significa que soy feliz. Si parezco exitoso, soy exitoso. Si digo palabras compasivas, soy compasivo».

Cuando el significado está conectado a la apariencia, el aspecto de las cosas se vuelve extremadamente importante. Los Tres tienden a centrarse en los logros, el estatus, las posesiones y la reputación. Como las apariencias lo son todo, es fácil que pasen por alto los matices, las insinuaciones y la sutileza. Cuando uno pasa por alto el matiz, la insinuación y la sutileza en el camino para asegurar lo que es deseable, los complejos que el resto de nosotros tenemos (como no herir los sentimientos de alguien, cuestionar la autoestima, querer jugar limpio), pueden no aplicarse.

Los Tres se caracterizan por ser capaces de navegar por el mundo con facilidad. Son brillantes multitarea. Pueden hablar por teléfono, remover la sopa, pagar las facturas y escucharte parlotear sobre tu jornada; todo al mismo tiempo. Son muy muy buenos en los logros; toda su energía va hacia el logro en cualquier ambiente en el que se encuentren. La profesora del eneagrama Helen Palmer dijo: «Si no quieres salir perjudicado, no te pongas en el camino de un Tres». Ellos no dudarán en pasar por encima de ti. Solo quieren llegar a donde se han propuesto…, hasta que lo hacen. Entonces hay otro lugar al que llegar.

Entramos en el mundo de los Tres cuando nos enfrentamos a una tarea imposible, pero decidimos emprenderla de todos modos. Cualquiera que haya escrito un libro (o un poema, un guion o una canción) sabe exactamente lo que se siente. Al principio, no hay nada. Tampoco se puede saltar al final porque no hay nada. Más bien, se entra en el proceso con una combinación de sintonía con el momento presente, cuidado de los detalles y un nivel básico de confianza en uno mismo. El proceso de creación se pierde en el resultado final, pero no existiría sin él.

El asombroso don de un Tres es justamente lo que se menciona arriba: pueden hacer las cosas incluso en medio de una gran incertidumbre. En un mundo que valora las ideas, las innovaciones y todo lo nuevo, nuestros amigos no se distraen con esas cosas. Siguen adelante, señalando a los demás que lo que desean es posible. Nada se interpone en su camino. Rara vez se deprimen porque lo único que les haría daño es el fracaso, y tienen una gran habilidad para ver todo como un éxito manifiesto o encubierto.

Pasión: *engaño*

No es que todos los Tres sean mentirosos patológicos (aunque algunos lo son: ¿verdad Tom Ripley?); es que cuando confundes las apariencias con la realidad, simplemente no sabes lo que es verdad. Las mayores mentiras de los Tres son las que se cuentan a sí mismos.

Virtud: *honestidad*

Aquí, la honestidad no solo significa decir la verdad, en particular, significa ver lo que es verdad sin convertirlo inmediatamente en un factor de una narrativa preferida (o rechazada). Significa ver sin el filtro «¿Qué dice esto de mí?».

Idealización: «*Soy exitoso*»

Es muy muy doloroso para un Tres decir «He fracasado». De hecho, un Tres probablemente nunca diría eso; encontraría una manera de recontextualizar el fracaso como un éxito oculto: «Quise hacerlo así».

Evitación: *fracaso*

Claro, a nadie le gusta fracasar, pero para los Tres el fracaso no es una opción, como ellos dicen. Para poner un ejemplo extremo, no hay más que ver la estimulante historia de la empresa de nueva creación Theranos, de Silicon Valley y su desconocida fundadora, Elizabeth Holmes. Theranos pretendía estar dispuesta a «cambiar el mundo» revolucionando la forma en que la sanidad realizaba los análisis de sangre. Olvidaba el hecho de que sus dispositivos no funcionaban, mentía sobre los resultados, enviaba sangre a máquinas de terceros sin decírselo a nadie... Olvidaba los resultados erróneos entregados a personas reales que de hecho no tenían cáncer, sino que estaban embarazadas, y así sucesivamente. De alguna manera, incluso con su deficiente maquinaria, las mentiras sobre el funcionamiento de la tecnología, las tergiversaciones sobre los supuestos acuerdos con el gobierno de EE.UU. y los militares, Theranos recaudó cientos de millones de dólares y consiguió para su consejo de administración a generales, ex secretarios de defensa y de Estado (Henry Kissinger y George Shultz, nada menos), y todo tipo de titanes de la industria, y nadie se dio cuenta. Simplemente siguieron entregando dinero (hasta que el periodista de investigación John Carreyrou, probablemente un Seis del *The Wall Street Journal*, destapó la historia). La señora Holmes se declaró no culpable de los diversos cargos de fraude. Como suele ocurrir con los Tres, cabe preguntarse si Elizabeth Holmes era consciente de que estaba mintiendo o si realmente se creía a sí misma. Para muchos Tres, es posible que ambas cosas sean ciertas. Y ahora que ha sido declarada culpable de múltiples cargos, ¿qué debe de decirse a sí misma sobre cómo sucedió todo? Lo averiguaremos si decide escribir un libro contando su versión de la historia.

Fijación: *vanidad*

«¿Cómo puedo darle la vuelta a esto para quedar bien?» es una pregunta siempre presente en la mente de los Tres. La mayoría de nosotros tenemos una especie de lista de control interna que repasamos antes de tomar decisiones grandes o pequeñas: «¿Es esto lo correcto? ¿Cuáles son los pros y los contras? ¿Puedo estar a la altura de esta elección? ¿Qué obstáculos puedo encontrar?». A esta lista, los Tres pueden añadir automáticamente, en la parte superior o cerca de ella: «¿En qué situación me deja esto?». Todos queremos aparecer de la mejor manera posible, sin duda. Sin embargo, para los Tres, es la única opción. Son increíblemente buenos para recontextualizar los problemas y convertirlos en oportunidades.

Una vez tuve una amiga Tres que vivía en el extranjero por su trabajo en una multinacional. Aunque tenía todos los atributos del éxito –una casa fabulosa, mucho dinero, ropa perfectamente confeccionada–, luchaba enormemente (y de forma comprensible) con el sentimiento de aislamiento que puede conllevar el hecho de vivir en un país extranjero, hablando siempre una lengua no nativa. Por muy mejoradas que sean las nuevas circunstancias con respecto a la educación nativa, la expatriación incluye una sensación muy particular de separación de lo más reconocible. La última vez que hablé con ella, le pregunté cómo se encontraba al respecto. «Estoy muy emocionada porque acabo de vender un libro sobre la expatriación a [¡principal editorial de Nueva York!]». Me alegré mucho por ella. Sé que será un libro hermoso e importante. También sospecho que se ha aliviado de su pena convirtiéndola en un ornamento del éxito.

Estilo de conversación: *propaganda*

Los Tres siempre parecen estar montando o vendiendo algo, ya sea sobre ir a una cita con ellos, explicando sus responsabilidades en el trabajo, o hablando de su reciente mudanza a una nueva casa. Véase la historia anterior.

Integrado: *en el Seis*

Un Tres en el Seis relaja la necesidad de perfección impoluta y abraza el no saber. Mientras que los Tres se centran en la certeza y en tener las respuestas, los Seis dudan, cuestionan y luego ponen en entredicho cualquier respuesta que reciban. Hay una vulnerabilidad en la energía de los Seis que reintegra a los Tres en su humanidad.

Desintegrado: *en el Nueve*

Cuando las defensas naturales de un Tres caen, no se les ocurre otra opción que buscar consuelo y esconderse. Aunque esto puede parecer algo bueno –por fin han dejado de estar tan ocupados–, en realidad puede ser una táctica de evasión. Todos necesitamos evitar cosas de vez en cuando. Pero si los Tres pueden dejar de trabajar siguiendo las nociones convencionales de éxito y consecuencia y mirar hacia dentro, pueden descubrir lo que han estado intentando evitar todo el tiempo: el contenido de su propio corazón, que es hermoso, caótico, inspirador..., un hermoso desorden.

Subtipos

Conservación: *seguridad*

Los Tres conservación buscan acumular éxitos, credenciales y logros como medio de sentirse seguros en el mundo. Es probable que se refugien detrás del dinero, las posesiones y los sistemas prácticos para gestionar la vida cotidiana; todo lo que genere seguridad desde una perspectiva convencional. Aunque, como todos los Tres, el subtipo de conservación funciona con las apariencias y puede ser más contenido. Este es el contratipo. Los Tres conservación pueden ser menos ostentosos que los otros subtipos y, por lo tanto, ser menos obvios.

Social: *prestigio*

Los Tres sociales se basan en el estatus como moneda de cambio aceptada en todas las situaciones. Si alguna vez te encuentras sentado al lado de un desconocido y te enteras de que fue a una universidad de la Ivy League, que compró acciones de Apple en 1995 y que acaba de clasificarse para la maratón de Boston, es posible que estés sentado al lado de un Tres social. Al compartir sus credenciales, sienten que te están diciendo quiénes son. Creo que este subtipo tiene el reto más difícil de todos los subtipos Tres para atravesar el arco de la transformación. Lo que solidifica su sufrimiento –el logro, la recompensa monetaria, la influencia, el liderazgo modelo– también es todo aquello que recompensa nuestra sociedad. Es una trampa de la que resulta muy difícil salir.

Sexual: *ideal masculino/femenino*

El Tres sexual busca aparecer como el ejemplo más impresionante de su género. Como en todos los subtipos sexuales, hay un gran énfasis en la conexión con los demás. Sin embargo, los Tres tienden a tener un acceso a su vida interior. Pueden ser ávidos escritores de diarios a los que les gusta hablar de sus sentimientos y expresar su interés por la espiritualidad, pero les faltará un cierto desorden o caos que invariablemente acompaña a la expresión genuina de la condición humana. Cuando el anhelo de intimidad se encuentra con una vida emocional demasiado cuidada, puede generar bastante confusión para los propios Tres, por no hablar de sus íntimos. Esto crea un ambiente interior particularmente frágil, más que el de los otros Tres. Hay un anhelo genuino de conexión que es secuestrado una y otra vez por el miedo a la propia vulnerabilidad. Ciertamente, no hay nada más vulnerable que la intimidad. Cuando uno sostiene como algo meramente ornamental el deseo de desvestirse por completo en los niveles exterior, interior y niveles secretos, hay una experiencia continua de desamor.

Arco de transformación: *del engaño a la honestidad*

Conozco a una Tres, una ejecutiva de finanzas de alto nivel, que se encontró con una extraordinaria dificultad debido a una ilegalidad profesional, tal vez cometida por ella, tal vez no; nadie lo sabía realmente. Como le ocurriría a cualquiera, para ella fue devastador, pero como es una Tres, hubo dificultades especiales. ¿Cómo explicar lo que estaba pasando a la familia, a los colegas, a los amigos? ¿O debería mantenerlo en secreto? Le preocupaba especialmente explicárselo todo a su padre. ¿En quién se convertiría entonces a los ojos de esta persona tan querida?

Su decisión había sido mantener el secreto hasta el momento en que ya no fuera posible, si llegaba ese momento (por ejemplo, si la despedían). Pero ahora las cosas se estaban complicando y ella no sabía cuánto tiempo podía (o debía) ocultar lo ocurrido a su padre. Al hablar de ello, analizamos las distintas posibilidades: ¿decírsele ahora para prepararlo en caso de que ocurriera algo horrible, sabiendo lo dolido y enfadado que estaría si se lo contaran cuando todo el infierno se hubiera desatado o retener la historia con la esperanza de que todo se resolviera a favor de mi amiga y nadie se enterara? Le dimos vueltas y más vueltas hasta que por fin vi lo que estaba pasando: «Así que no puedes encontrar la narrativa adecuada para compartir lo ocurrido, ¿es eso?», le pregunté. «¡Sí!», respondió ella..., como si la narrativa correcta fuera la verdad en lugar de la mezcla de miedo, autorrecriminación, ira, y las sutilezas de su oficio que componían la realidad. Por supuesto, mi amiga conocía la verdad y todas sus complejidades, pero revelar eso no era la opción más tranquilizadora. Compartir la historia correcta sí lo era.

A nadie le gusta el desorden, pero para los Tres hay un terror especial a ser vistos en modo caos. La idea de exponer esta dificultad era arriesgarse a ser vista como menos que ideal, menos que exitosa, menos que un brillante ejemplo de todo lo que puede ir bien en la vida de una persona. Otra amiga de otra amiga, también una Tres, tenía una estrategia más «útil» para recontextualizar el desorden y establecer una narrativa soportable: «¿Sabes?, si todo se va al traste, podrías escribir un libro *increíble* sobre la injusticia de ser una víctima de las luchas internas de la empresa. Cuando estés fuera, podrás hacer una gira de conferencias y convertirte en portavoz de este tema». A mi amiga esto le pareció muy útil, en parte porque era cierto, era una gran idea, y en parte porque podía ver cómo incluso esta devastación podría ser otro camino hacia el éxito (alerta de *spoiler*: al final, fue totalmente –y con razón– exonerada y se lo contó todo a su familia).

El arco de transformación del Tres consiste en entrenar la mente para diferenciar entre mitos y realidades, lo que es muy difícil porque los Tres se empeñan en crear sus mitos y leyendas personales. Se aferran a su imagen de un modo que el resto de nosotros no contemplamos. Para ellos, la imagen es más real que la verdad y aquí radica el problema; este es el engaño central. Pregúntale a un Tres: «¿Preferirías tener éxito o parecer exitoso?». Pueden responder: «Serlo, por supuesto», ya que es la respuesta que parece ser más justa, pero dentro de sí mismos, también pueden preguntarse: «¿Cuál es la diferencia?». Para muchos Tres, no hay diferencia. Parecer que fallan/tienen éxito es tan malo/bueno como fallar/tener éxito realmente.

¿Cómo recorrer el camino del engaño (mentirse a uno mismo sobre lo que es verdad) a la honestidad (saber realmente lo que es verdad)?

La respuesta es poco probable que provenga del trabajo sobre uno mismo, por extraño que pueda parecer. Trabajar en el yo simplemente redobla el énfasis en el yo que, en este caso, no es útil. Lo que sí ayuda, sin embargo, es entrenar continuamente a la mente para que deje de preocuparse por sí misma y empiece a pensar en los demás. Esto es válido para todos, pero para nuestros amigos Tres puede ser el camino más expedito para salir del sufrimiento personal causado por la deshonestidad.

Anteriormente mencioné una enseñanza fundamental del Mahayana: los cuatro inconmensurables. Son las cuatro cualidades que transforman el sufrimiento al apartar nuestra atención de nosotros mismos y ponerla, hábilmente, en los demás. Me sorprendió descubrir la verdad: que no estoy en el centro del universo. Todo lo que pueda hacer para desplazar mi atención de mí misma a todos los seres por voluntad propia simplemente me coloca una vez más en el centro. Puedo trabajar todo lo que quiera en arreglar mi ensimismamiento, pero aplicar más ensimismamiento para arreglar el ensimismamiento no servirá de nada. Para los Dos, la primera cualidad inconmensurable, la benevolencia, es el bálsamo curativo para transformar el orgullo en humildad. Las dos segundas cualidades inconmensurables, compasión y alegría comprensiva, están hechas a medida para transformar el sufrimiento del Tres, que tiene sus raíces en la vanidad.

La compasión (sentir el dolor del otro dentro de tu propio corazón) y la empatía (sentir su felicidad dentro de tu corazón) son todo lo contrario al ensimismamiento. Cada una de ellas implica poner la atención, no en otra persona, sino dentro de otra persona. Curiosamente, esto no puede ocurrir sin habitar primero en uno mismo. Señalo esto para mitigar cualquier idea de que atender a los demás se basa en menospreciarse a uno mismo. Para experimentar las penas y las alegrías de otras personas como sucesos compartidos, tenemos que estar firmemente asentados en nuestro interior.

Si no nos entrenamos, podemos experimentar ambas cosas como algo oneroso. Tu dolor me duele, prefiero evitarlo (a veces esto es necesario, por cierto: el mundo está tan lleno de sufrimiento que tenemos que encontrar el equilibrio adecuado de prudencia y audacia para abrirnos a él). Tu alegría, en lugar de ser una fuente de deleite para mí, puede hacer que me sienta celosa, muy consciente de lo que me falta, desesperada. Cuando el intercambio entre mi corazón y el tuyo se ve como algo transaccional y condicional, ambos perdemos. Por eso los grandes maestros dicen, y parafraseo: «Si quieres ser infeliz, piensa en ti mismo. Si quieres ser feliz, piensa en los demás». No están diciendo: «Eres un ególatra, deja de hacer eso», que puede ser la forma en que oímos esa advertencia. Más bien están diciendo algo más parecido a que, en lugar de preguntarte cómo te beneficiarás o sufrirás, te deleites con el vasto despliegue de humanidad en cada momento de tu vida.

Como miembro de la tríada del corazón, tengo una fuerte conexión con la experiencia de los Tres. Incluso de pequeña, recuerdo que cuando iba a la escuela me daba cuenta de que estaba viviendo la experiencia, no a través de mis ojos, sino a través de la lente de una cámara invisible en algún lugar del espacio. Siempre estaba enfocada hacia mí. Mi vida no era una experiencia interior, sino una experiencia cinematográfica. Sin embargo, no podía cambiar el punto de vista (todavía lucho por hacerlo). Para los Tres, esto puede ser una lucha de por vida. Siempre tienen la sensación de que la cámara les está apuntando, filmando sus movimientos, expresiones, acciones e incluso sus pensamientos más íntimos: «¿Cómo se siente esto?» no es una preocupación tan grande como «¿Cómo se ve esto que siento?». Siento un profundo dolor por todos los que sufrimos lo que yo llamo «envenenamiento de la imagen», una insidiosa enfermedad de nuestro tiempo. Vivimos en un mundo que se centra y premia la imagen, no la sustancia. Todos estamos expuestos a contraer esta enfermedad, pero los Tres la inventaron, la viven y pueden encontrarse más atrapados por ella que el resto de nosotros. Es tan difícil porque, en lugar de que se les recrimine que se centren demasiado en la imagen de sí mismos, se les recompensa por ello. Es una mentira que les atrapa una y otra vez.

La falsedad, como se ha mencionado, es el resultado de mentirse a uno mismo sobre lo que es real. Para la mayoría de nosotros, esa mentira se basa en la idea de que somos el centro del universo. Nos colocamos en primer lugar. Demonios, yo lo hago. Es un hábito muy difícil de cambiar. Sin embargo, solo es eso: un hábito. Por fortuna, hay una manera de sustituir este hábito insidioso y malo (y completamente comprensible) por un hábito mucho mucho mejor. Este hábito no solo aliviará el sufrimiento que conlleva el engaño; aliviará el sufrimiento, y punto.

La verdad es casi siempre desordenada, incompleta y matizada. La propaganda y la mejora de la imagen no prosperan en estas circunstancias y ahí es donde reside la oportunidad.

En la perspectiva budista, la verdad es sinónimo de *prajña* o sabiduría. *Prajña* se representa a menudo como un arma de doble filo. El propagador de la sabiduría sostiene la espada en alto y siempre está listo para cortar las mentiras. Al bajar la espada, corta el engaño. Al alzarla, corta cualquier apego del ego al acto de cortar. El corte está hecho y eso es todo.

Para los Tres, el logro, la realización, es fundamental. Sin embargo, la realización puede ser valorada solo por el mensaje que envía sobre el realizador. Cuando un Tres puede superar los obstáculos en la carrera descendente y felicitarse a sí mismo en la carrera ascendente, pasa a estar en posesión de esta verdad: el estatus no existe.

Cuando uno permanece dentro de lo que es verdadero, no hay pensamiento de las apariencias, porque para calibrar, dar forma y definir una apariencia es necesario separarse del momento presente. Solo entonces es posible la observación. En esta visión particular de la sabiduría, la inclinación de observar se neutraliza porque no hay diferencia entre experiencia y experimentador. Me doy cuenta de que esto suena conceptual y opaco, pero no lo es. Más bien, la sabiduría consiste en comprometerse plenamente sin asignar valor a una experiencia ni considerarla como parte de unas motivaciones más amplias. Simplemente es.

Lo que esto significa en un nivel práctico cotidiano para un Tres (o para cualquiera) que quiere vivir en la verdad es renunciar a la certeza. Está muy bien y es humano pensar: «Esto es algo bueno, esto es algo malo, esto no importa, esto me hace parecer exitoso, esto no...», pero no hay que olvidar que solo son pensamientos (y los pensamientos no son lo mismo que la realidad), y ello da paso a lo más cierto: que todas las apariencias son ilusorias.

El Guerrero de la Realización

Cuando los Tres dejan atrás la dependencia de las apariencias para confirmar su identidad, se liberan de jugar solo de cara a la galería. Al hacerlo, dejan de elaborar y reelaborar su narrativa para enfrentarse al momento con un sentido de posibilidad. Cuando uno siente curiosidad por el momento presente en lugar de tratar de esclavizarlo, empieza a vislumbrarse un panorama enorme. Cuando la visión clara se combina con el impulso de lograr (que en sí mismo es un valor neutral), tenemos un ser que puede atravesar cualquier obstáculo y llegar al destino elegido, guiado no por el autoengaño, sino por la visión trascendente.

Tuve la gran suerte de que me enseñara a meditar un gran practicante budista que me aceptó sin haberme conocido (un amigo le había hablado de mí). Desde ese día, ha sido mi maestro de meditación y, por tanto, el amigo más cercano de mi vida. Me ha apoyado en el camino espiritual con una capacidad infalible para verme perfectamente. No importa el tiempo que pase entre nuestras conversaciones reales, parece que siempre se produce algún intercambio secreto en algún lugar más allá de mi conocimiento. Durante años me pregunté cuál era su eneatipo. Es una persona tan inusual. Su intelecto es muy potente. Es imposible predecir su comportamiento de un momento a otro y, sin embargo, es absolutamente inmutable en su insistencia de que «lo único que importa es el *dharma*». ¿Su feroz intelecto e imprevisibilidad significan que es un eneatipo Siete, que ve lo que otros no pueden y se centra solo en lo que es posible? ¿Su profunda sintonía emocional indica la resonancia fluida de un Cuatro? ¿O puede que su firmeza y determinada conexión con las verdades profundas reflejen la enorme presencia personal de un Ocho? Durante años, he vacilado entre todos los números al pensar en él... hasta que escuché esta historia.

Además de ser un fenomenal maestro budista, fundó una empresa de medios de comunicación de gran éxito que produjo obras de gran valor espiritual. Durante casi cincuenta años, esta empresa ha creado productos de inestimable valor, ha recuperado obras importantes que se habían agotado, y ha ofrecido un hogar a muchas de las más grandes (y auténticas) voces espirituales de nuestro tiempo. Ha creado un negocio de integridad intransigente que es innovadora, arriesgada *y* con éxito económico. Una verdadera rareza. ¿Cómo lo hizo?

A nivel práctico y profesional, no lo sé. Muchas buenas decisiones y correcciones inteligentes del rumbo, supongo. Pero en otro nivel, atribuyo su éxito a los consejos que recibió de su propio maestro de meditación hace muchos años, que explicó cómo crear un negocio exitoso de esta manera: «Levántate por la mañana. Ponte tu mejor traje. Ve a la oficina. Siéntate a tu escritorio. No hagas nada. Mira por la ventana. Espera».

Eso es todo. Solo vístete, toma asiento y luego… pasa el rato. ¿Sonaría el teléfono? Tal vez. ¿Se firmarían contratos? Posiblemente. ¿Surgirían oportunidades? ¿Quién sabe? Solo esperar.

He pensado en este consejo muchas veces y en algún momento me di cuenta de que es el consejo perfecto para un eneagrama Tres. ¡Mi profesor de meditación es probablemente un Tres! Me sorprendió mucho este reconocimiento ya que a menudo se piensa que los Tres están interesados en todas las cosas cotidianas, centrados en las medidas ordinarias de éxito. No había ni hay nada ordinario en él. Más bien, presenta el lado extraordinario de los Tres, aquellos que pueden tomar cualquier cosa que se les arroje y convertirla en lo que se requiere en este momento, con un ojo en las necesidades pragmáticas y el otro en el destino final. Pueden trabajar con lo invisible para convertir lo inmaterial en material.

Los Tres no se obsesionan con las implicaciones personales de la vida interior, sino que consideran cualquier cosa que surja (incluida su propia vida emocional) como un peldaño hacia lo que desean. Esto no es inherentemente bueno o malo, aunque a menudo se piensa que los budistas desprecian el deseo. En cierto sentido, esto es cierto. Las Cuatro Nobles Verdades, el núcleo en torno al cual gira el budismo, afirman que la vida es insatisfactoria (porque todo cambia); el ansia (o el deseo) crea insatisfacción; deja de desear y dejarás de sufrir; hay un camino para hacerlo (llamado el Noble Óctuple Sendero). En la superficie, esto puede parecer una receta clara para dar la espalda al deseo, y para algunas personas, esta es la definición más útil. Sin embargo, hay otras dos maneras de considerar el deseo. La segunda forma dice que el deseo indica un cierto calor interior que puede utilizarse como combustible para la actividad compasiva. El tercer punto de vista es que el deseo, de alguna manera no convencional, sin bobadas, más allá del concepto, indica la presencia de la energía de la sabiduría que requiere la autoexpresión a través de su propio corazón. Cuando leemos el deseo como una señal de más allá de lo personal, se abre un mundo de magia, aunque se confunde fácilmente con la necesidad egoísta.

¿Qué tiene que ver todo esto con el eneatipo Tres? Este es su reino: donde el deseo, la emoción, la necesidad y el anhelo, tradicionalmente considerados como expresiones puramente personales, pueden surgir como algo universal y conectivo, a la vez profundamente sentido y libremente sostenido.

9
8
1
7
2
6
3
5
4

CUATRO
El Guerrero de la Poética

> Si transmutar en lugar de rechazar se ha convertido en tu primer impulso en la mayoría de las situaciones negativas, puede que estés haciendo cosas ordinarias pero no eres una persona ordinaria.
>
> CATHERINE MACCOUN, *On Becoming an Alchemist*

Los cuatro son el punto del eneagrama donde entra toda la energía emocional. Cualquier cosa que ocurra alrededor de los Cuatro se siente como algo que sucede dentro de ellos, por lo que siempre están intentando sintonizar con sus propios sentimientos más profundamente para poder entenderlos, y también para poder entender el mundo y la vida. La mala noticia es que esto puede llevar a un serio ensimismamiento y a una incapacidad para apreciar la belleza de lo común. Nada es lo suficientemente especial, profundo o bello. Para los Cuatro, cuya experiencia de la realidad cotidiana está marcada por la inquietud y la insatisfacción, el arco de transformación es ver cada momento como una aparición perfecta. También están convencidos de que son muy defectuosos. Anhelan el amor, pero les aterra ser vistos, lo que crea una cualidad de empuje y arrastre en las relaciones cercanas. Aparecen y desaparecen, aparecen y desaparecen, dejando a las personas con las que se relacionan bastante confundidas.

La buena noticia es que son capaces de sintonizar con lo que hay debajo de la superficie de una manera que otros tipos no pueden (o no quieren). Creo que esto es lo que lleva a un Cuatro a tener la sensación de ser un extraño nadando en un mar de tristeza. Piensan: «¿Soy invisible? ¿Por qué nadie me ve, ni ve mi verdadero yo?». Pueden tardar décadas en darse cuenta: no es que nadie te vea, es que nadie ve lo que haces.

Los Cuatro introyectan, lo que significa que toman todas las emociones en sí mismos: las tuyas, las suyas propias, las de cualquiera. Sienten. Pero a diferencia de otros tipos, que prefieren sentirse «bien», los Cuatro pueden despreciar los estados emocionales más agradables como aburridos e inútiles. Como se dice que hacen los artistas, los Cuatro creen que las grandes obras surgen del dolor.

Si un amigo querido tiene problemas y acudes a él, y no es para arreglar su problema o para que se sienta mejor, sino simplemente para estar con él, accedes al reino de los Cuatro. No hay una motivación ulterior, solo la sintonía con la calidad de este momento. De todos los tipos, los Cuatro, con su profundo refinamiento interior y su interés por las llamadas emociones negativas, son los únicos capaces de estar con los demás en los momentos más difíciles de sus vidas. Los Cuatro pueden ver profundamente y expresar eso para lo que creías que no había palabras.

Pasión: *envidia*

Los Cuatro no envidian las alegrías y los logros de los demás. Simplemente sienten que las grandes cosas de la vida no están disponibles para ellos debido a su inherente quebranto. Creo que la palabra envidia no es del todo exacta para la pasión del Cuatro. Prefiero «anhelo». La envidia tiene un sentido de codicia, el deseo de tomar lo que otros tienen para uno mismo, y de *schadenfreude** cuando lo pierden. Como Cuatro, no encuentro estas tendencias más o menos presentes en mí en mayor medida que en la mayoría de las personas. Lo que sí encuentro, sin embargo, es una orientación omnipresente hacia lo que no está aquí. Algunos expertos del eneagrama describen la envidia/anhelo de los Cuatro como algo nostálgico («una vez lo tuve...») o esperanzado («cuando lo tenga, empezará mi verdadera vida»). En ambos casos, hay una falta de presencia en lo que es. La mente está ocupada mirando hacia atrás o hacia delante. De acuerdo, claro. Sin embargo, mi sentido personal de lo que falta está atado aparentemente de manera irrevocable al presente. Mi anhelo se funde con lo que es: mi experiencia interior del momento a momento, la sensación de cómo pasa el tiempo, lo que encuentro mientras trabajo, las conversaciones que mantengo, la ropa que me pongo; todo. El anhelo viene conmigo en casi todos los momentos de mi vida. Pasado, *shmast*, futuro, *shmuture*.** Mi experiencia de

* *Schadenfreude*: palabra alemana que designa el sentimiento de alegría creado por el sufrimiento o la infelicidad del otro (Wikipedia).
** Rima en el inglés original para dar énfasis: *Past, shmast, future, shmuture*.

carencia es como un adorno que adhiero a todo lo que encuentro (es muy de Cuatro sentir que incluso los mejores maestros del eneagrama me han malinterpretado..., pero lo han hecho).

Virtud: *ecuanimidad*

Cuando me enteré de que la virtud del Cuatro –y, por lo tanto, a lo que debía aspirar– era la ecuanimidad (o satisfacción), mi primer pensamiento fue: «Pues estoy jodida. Es imposible que me sienta a gusto con lo que hay. ¿Con este desorden? De ninguna manera». Cualquier idea para abandonar el esfuerzo de vivir una vida única (en el sentido más profundo de la palabra) para hacer las paces con mi vida real me parecía absurda.

Algunos llaman al Cuatro el «romántico trágico» y, bueno, para nada, vamos. Siempre he odiado ese mote. Suena muy poco convincente. No soy tísica ni frágil, ni poseo un sofá para desmayarme. Los Cuatro son más duros de lo que se cree, pero nuestra dureza no se parece a la de, digamos, un Seis o un Ocho porque nuestra resistencia no viene de la mente o de las tripas. Viene del corazón.

En lugar de sortear el miedo haciéndose amigo o luchando contra el poder (como un Seis) o dominando a todos los que llegan (como un Ocho), los Cuatro se acercan al miedo sintiéndolo. Temblando con él. Consumiéndose con él. Puede que esto no suene a intrepidez, pero el valor aquí radica en no tener miedo al miedo en sí mismo, o a la furia, o a la alegría, o al aburrimiento..., o a cualquier cosa, en realidad. En lugar de sentir menos, el poder del Cuatro radica en sentirlo todo, y esta es una forma de definir la virtud de la ecuanimidad. No se trata de sentirse bien cuando todo va mal o de aceptar plácidamente los altibajos (o la aburrida falta de ellos) del ser humano, como a menudo se describe la ecuanimidad. En este caso, la ecuanimidad es casi lo contrario: es sentir todo sin apartar esto o aferrarse a aquello.

La ecuanimidad es la última de las cuatro cualidades inconmensurables. Las tres primeras cualidades parecen cálidas, emocionales, relacionales. ¿Dónde encaja la ecuanimidad en esta ecuación? Parece lo contrario de las otras: fría, desapegada, interior. Sin embargo la ecuanimidad representa el equilibrio para las tres primeras y, por suerte, al igual que las otras tres, no se puede agotar (porque es inconmensurable). Sin la ecuanimidad, las otras cualidades inconmensurables pueden convertirse en trampas. Podemos dar demasiado, sentirnos abrumados por el sufrimiento de este mundo o estar agotados por todas las cosas que hay que sentir en cada momento de la vida. En lugar de atarse a la placidez, la ecuanimidad es ser capaz de trabajar con todo sin desmoronarse y saber volver al centro. Es como hacer surf (no he surfeado nunca, pero permíteme la licencia). Para surfear una ola, no tendría sentido plantar los pies y mantenerse firme. Un surfista debe renunciar a todas las expectativas sobre lo que está por venir y, en su lugar, darse cuenta de lo que viene en este momento, y en este, y en este, y reconfigurar su centro de gravedad para enfrentarse a todo ello, dispuesto a abandonar lo que funcionó en el último instante para intuir lo que se necesita en este. Y en este otro. Y así sucesivamente.

Como los Cuatro no tienen miedo a sentir, poseen un don para el tipo de ecuanimidad que puede incluir todo el espectro de emociones en lugar de preferir solo lo que es optimista. Cuando se logra, su capacidad para encontrarte y seguirte a tu lugar de más profundo dolor es inigualable. ¿Qué más necesita nuestro mundo que personas que posean este tipo de poder?

Idealización: «*Soy especial*»

Tan especial que nadie sabrá nunca lo especial que es. Muchas personas se esfuerzan por tener una vida ordinaria, lo cual es bastante sensato: tener una familia (sea cual sea la definición), un hogar, un trabajo; saber lo que nos deparará la próxima semana y la siguiente: ¡qué buena vida! Excepto para los Cuatro, para quienes algo así sería un fracaso absoluto.

Evitación: *la mediocridad*

Una de mis películas favoritas de todos los tiempos es *Sentido y sensibilidad*, de Ang Lee, protagonizada por Emma Thompson (que también escribió el guion) y Kate Winslet. Kate interpreta a Marianne, una perfecta Cuatro, que se pasea por pastos azotados por el viento, se derrumba en los sofás y desea que el canalla de Willoughby vuelva para tomarla en sus brazos y leerle sonetos de Shakespeare. Cuando él le recita al azar su soneto favorito, ella lo toma como un destino: «Me ve. ¡Me conoce desde el lugar más allá del conocimiento!». Bueno, puede ser, pero también es un imbécil. Cuando esto se revela, con el corazón roto, vaga por los campos con la esperanza de ver su castillo, se empapa en un aguacero, desarrolla una fiebre y se acerca peligrosamente a la muerte. Solo cuando se recupera, puede ver finalmente con nuevos ojos el amor «ordinario» de su posible pretendiente, el coronel Brandon (interpretado por el difunto y gran actor Alan Rickman). Ahora comprende su amor, un amor sin adornos, sincero y puro. Con el tiempo, envuelta por su simple bondad –desmayada–, se enamora de él.

Para Marianne, esto podría no haber sucedido si no hubiera caído profundamente enferma y casi hubiera muerto. El sufrimiento excluye los sueños del futuro y las penas del pasado; en la enfermedad solo existe el ahora. Mientras se recuperaba, las moléculas se reorganizaron en su interior para despertarla a la belleza de la llamada mediocridad. Lo mismo les ocurre a los Cuatro. Cuando el sufrimiento está atado al plano físico (en lugar de a la imaginación), surge la posibilidad de una verdadera transformación.

Fijación: *melancolía*

Recientemente, me desperté sintiéndome luminosa y alegre. Tenía una energía fuerte y constante durante todo el día. Trabajé mucho y, al final del día, todos los ítems de mi lista de «cosas pendientes» estaban tachados. Y lo que es mejor, no caí presa de mis males físicos normales (el resultado de ese accidente de coche de hace tiempo): dolores de cabeza, dolor de cuello, bla, bla. «¡Así debe de ser como se siente la gente normal!», pensé.

¿El siguiente pensamiento de los Cuatro?: «Debo tener algo. Tal vez debería pedir una cita con el médico». Entonces me sorprendí a mí misma. ¿Qué enfermedad potencialmente mortal tiene como síntomas la ausencia de dolor y el buen humor? Les presento el mal del Cuatro. El dolor y un vago estado de desconfianza ambiental son bien conocidos por nosotros. Cuando no hay causa para tales cosas, la respuesta puede no ser de alivio, sino de una melancolía más profunda. ¿Cuándo me caerá el siguiente palo? «Porque siempre acaba cayendo», pensamos.

La experiencia de los Cuatro del «siguiente palo» surge de la experiencia de ser conscientes de la presencia de la oscuridad y las sombras que los demás desconocen o, en opinión de los Cuatro, no quieren reconocer. «Pero, pero, pero... está ahí –piensan los Cuatro–: el dolor de tu infancia. Tus emociones no reconocidas. Tu falta de voluntad para ver cualquier cosa, incluida yo y lo que veo. ¿Por qué no lo ves?».

Si eliges no ver lo que los Cuatro dicen que está justo ahí, ¿dónde deja eso a los Cuatro? En primer lugar, nos sentimos como bichos raros. Si no puedes ver lo que yo veo, mejor me lo guardo para mí. Segundo, nos sentimos solos. Soy la única que ve... algo. Estas experiencias dejan tanta huella que las asumimos dondequiera que miremos. Estamos entrenados para ver y sostener la oscuridad no reconocida. Así, cuando llega un día sin problemas, nuestros sistemas se ponen en alerta. Algo no está bien. No se siente bien. Se siente triste. La tristeza es normal.

Mi marido me ha dicho muchas veces: «¿Sabes siquiera cómo ser feliz?». Sí, creo que sí. Soy feliz cuando ve mi tristeza y me abraza por ello.

Estilo de conversación: *lamentación*

Incluso cuando se expresa la felicidad, puede haber una cualidad lúgubre o sucia en la comunicación de los Cuatro. (Ver: todo este capítulo).

Integrado: *en el Uno*

Cuando los Cuatro adquieren confianza en sí mismos, adoptan las cualidades más frías y nítidas del Uno. Esto proporciona un gran lastre para las exploraciones creativas y emocionales, porque libera a los Cuatro del ensimismamiento reflexivo que impide los logros más profundos. La paz viene, no de la liberación en vuelos más y más grandes de la fantasía, sino de la atención a los detalles, reconociendo y soltando lo que no está del todo bien, honrando las responsabilidades, y teniéndose en cuenta a sí mismo al nivel más profundo.

Desintegrado: *en el Dos*

Un Cuatro cuestionado o perturbado pierde la fe en la belleza y el valor de su mundo interior y empieza a intentar conectar con los demás. El Cuatro que busca compañía y conexión es un Cuatro bajo presión. Se puede aprender mucho de estos momentos. Aquí, aunque sea doloroso e incluso exasperante, se benefician al liberarse en el ajetreo y el rodaje de las interacciones humanas reales. Como se mencionó anteriormente, los Cuatro tienden a tener un ritmo de empuje y arrastre cuando se trata de relaciones: te alejan, pero cuando llegas demasiado lejos, cuando te alejas demasiado, te hacen retroceder. El alejamiento tiene que ver con el miedo a revelarse como algo ordinario, profundamente defectuoso, no merecedor de amor. Cuando alguien se acerca, se torna demasiado vulnerable: «Vete». Cuando se aleja demasiado, es vulnerable de una manera diferente: «¿Has dejado de amarme? ¡Vuelve!». ¿Qué podría aprender un Cuatro (o cualquiera, en realidad) al permanecer dentro de las incomodidades de estar cerca *y* estar distante? Cuando un Cuatro se desintegra en el Dos, todas las lecciones relevantes sobre la montaña rusa del amor verdadero están ahí para ser consideradas.

Por cierto, escribir sobre el Dos en el Cuatro me resulta difícil y me parece interesante. Mientras leas tu propio punto de desintegración, por favor, ten paciencia contigo mismo (y con ese número). Hay que ver a los Dos con la generosidad que merecen. Tengo que ver de mí misma lo que no quiero ver: que me vuelvo necesitada y manipuladora cuando me siento amenazada. Tengo que reconocer que los papeles que he asignado a los demás –«eres el enemigo, eres mi ayudante, me has fallado, podrías salvarme», etc., etc.– son en su mayoría imaginarios. No estoy diciendo que algunas personas no resulten amenazadoras y otras amistosas –sin duda lo son–, sino que el arco narrativo superpuesto está escrito (por mí) por miedo, no por una visión clara. Por favor, has de saber que este es uno de los aspectos más valiosos del eneagrama, aunque resulte bastante incómodo. Cuando lo miras profundamente, te muestra cómo poseer tus proyecciones en lugar de repartirlas como caramelos de Halloween a cualquiera que llame a tu puerta.

Subtipos

Conservación: *imprudente/Intrépido*

Los Cuatro conservación están dispuestos a sacrificar todo en la búsqueda de la singularidad. De hecho, pensamos que sacrificar todo probablemente sea necesario. Se esfuerzan mucho para ponerse en marcha, para prepararse para la batalla. La conservación de los Cuatro es un riesgo, creen que si su (estúpida y aburrida) seguridad se ve desafiada, quemarán la fachada gris del sinsentido cotidiano para encontrar algo... más (tengo un amigo Cuatro conservación que una vez dijo, a modo de descripción de la cualidad de este subtipo: «Cuando veo vidrios rotos, pienso: ¿Qué se sentirá al rodar por encima? Probablemente debería comprobarlo»).

Hace poco me enteré de que, en algunos círculos, al Cuatro conservación le llaman tenaz en lugar de imprudente/intrépido. No tengo ni idea de por qué o cómo ocurrió esto (si alguien lo sabe, que me lo cuente). Como Cuatro conservación, me siento un poco engañada por esta palabra, «tenaz». Supongo que podemos ser tenaces, pero este nombre parece demasiado estéril e incluso un poco convencionalmente heroico; le falta el heroísmo retrógrado de temerario/intrépido.

Claudio Naranjo describió a los Cuatro conservación como «sufridores» y quizá de ahí provenga la idea de tenacidad. Pero no es la capacidad de sufrir lo que nos marca; es lo que hacemos para romper el hechizo del sufrimiento, que es tan autoinmolador. El gesto del Cuatro conservación es probablemente súbito e imprevisible. Se confunde con facilidad con el valor o la audacia. En realidad es una expresión de miedo, un esfuerzo loco por salir de la bolsa de plástico, así que me quedo con temerario/imprudente.

Este es el contratipo. Los Cuatro conservación son menos emotivos que los otros subtipos y, por lo tanto, son más difíciles de ser descritos como Cuatro. Además, pueden parecer más duros y resistentes (no lo son, por cierto).

Social: *vergüenza*

Los Cuatro sociales sienten que sus defectos fatales les impedirán entrar en el grupo o comunidad a la que anhelan unirse. Pasan mucho tiempo sopesando a los demás y siempre se quedan cortos. Los Cuatro sociales se sienten atraídos a compartir sus insuficiencias como si el reconocimiento de sus defectos pudiera evocar tranquilidad desde el oyente; sin embargo, esta tranquilidad se convierte en niebla en el momento en que surge.

Sexual: *competencia/odio*

Los Cuatro sexuales son los más dramáticos y expresivos de todo el sistema del eneagrama. Aspiran a ser un poco (o mucho) más singulares o exigentes que cada persona a la que se acercan o que imaginan que está cerca. Los otros Cuatro pueden tener una relación inhibida con la ira, pero los Cuatros sexuales no.

De hecho, la ira puede ser su lugar de infelicidad. Es ardiente, viva, intensa y significativa, algo que a los Cuatro les gusta mucho. Sin embargo, su ira no es tosca (como la del Ocho), ni táctica (como la de un Tres), o una declaración de posicionamiento (como la del Uno). Es más bien una expresión de vitalidad (en los días buenos) o un tipo de brutalidad (en los días malos).

Los Cuatro buscan imantar lo que anhelan y, al mismo tiempo, lo rechazan. Los Cuatro conservación quieren ser vistos mientras se esconden. Los Cuatro sociales quieren ser aceptados a través del autorrechazo. Los Cuatro sexuales anhelan una intimidad profunda y verdadera y al mismo tiempo la encuentran totalmente aborrecible.

Esto haría enfadar a cualquiera.

Arco de transformación: *de la envidia (anhelo) a la ecuanimidad*

Cuando observo mi cuerpo, mis posesiones, mi saldo bancario, mi hogar, comunidad, lugar de trabajo y relaciones íntimas, no veo lo que es maravilloso y afortunado. Veo lo que no lo es. No son lo suficientemente bellos. No son lo suficientemente impresionantes. No son lo suficientemente significativos. No son lo suficientemente buenos. Mi consciencia descansa en lo que es defectuoso e imperfecto, sobre todo en lo que se refiere a mí misma. Tengo carencias. Mi entorno es deficiente. Mis relaciones son deficientes. Quiero, quiero, quiero.

Yo no llamaría a esto envidia, sino una especie de deseo nostálgico (o asustado o enfadado, según el subtipo). Lo extraño de todo esto es que, si llego a poseer un objeto de deseo, al adquirirlo veo inmediatamente sus defectos. Y así se produce más deseo. Nunca termina, lo cual es bastante perturbador, tanto para los propios Cuatro como para sus allegados (mi marido Uno, también se da cuenta principalmente de los defectos, pero cada uno de nosotros se da cuenta de los defectos de forma diferente y culpa al otro de la detección de los defectos. ¡La vida es genial!). Para seguir notando lo que es defectuoso, se requiere una atención extasiada y una tremenda conciencia de las cualidades sutiles. Tal vez de ahí venga la reputación de los Cuatro de tener una gran sintonía estética: «Este tono de rojo es un diez por ciento demasiado cereza y necesita un dos por ciento más de coral», es una frase que realmente he pronunciado (¡y estaba en lo cierto!). De alguna manera, esta refinada conciencia se utiliza más a menudo en apoyo de la detección de defectos y menos para los grados de perfección. La satisfacción siempre está a la vuelta de la esquina, pero cuando se dobla la esquina, la satisfacción también se aleja cuarenta y cinco grados. Es muy frustrante. El objeto del deseo nunca se alcanza, nunca.

En el budismo, como se mencionó ya antes, la raíz de todo sufrimiento se atribuye a lo que se denomina los tres venenos: el apego, la agresión y la ignorancia. Para los Cuatro, el apego es el principal problema. Ciertamente, también mostramos agresividad e ignorancia, pero son opciones distantes. La primera línea de defensa es notar lo que falta, lo que es incorrecto, lo que está mal hecho, etc. La asfixia del deseo proporciona un ambiente familiar (aunque asfixiante).

¿Cómo puede esta propensión conducir a la virtud de la ecuanimidad? Veamos dos formas de relacionarnos con la no ecuanimidad, o el apego. Por ejemplo, digamos que esta mañana me he levantado muy consciente de mis fracasos, preocupada por mi relación y disgustada por llevar una camisa roja que tiene demasiada cereza y poco coral. Al darme cuenta de esto, podría intentar disuadirme de cada uno de los problemas percibidos recordándome a mí misma lo afortunada que soy profesionalmente, relacionalmente y con mi camisa. Es decir. Soy capaz de hacer el trabajo para el que estoy hecha. Mi marido me acaba de decir que me quiere. Tengo una camisa que ponerme. Todo esto es cierto y digno de aprecio. Sin embargo, cuando trato de expresar mi deseo, este se amplía. Por suerte, hay otra opción. En lugar de trabajar para excluir la pasión de la envidia/anhelo, podría ampliarla para *incluirla*. Es decir, notarla. Sentirla. Ofrecerle un asiento a la mesa interior. Cuanto más trato de echarla, más poderosa se vuelve su garra. Pero si puedo sentir: «Bien, aquí estás de nuevo. Entra. Saludemos a nuestro viejo amigo el deseo», entonces, en los días buenos, el deseo se instala en el lugar que le corresponde (más pequeño y menos dominante). En los días realmente buenos, puedo ver que justo debajo de mi deseo hay algo muy valioso: una sintonía inherente con la perfección y la posibilidad. El hecho de que la perfección y la posibilidad nunca se realicen del todo no es mi problema. Sin embargo, mi conciencia de ellas puede inspirarme a mí, a los demás y la forma de abordar las situaciones de mi vida. Así que, para resumir, hay dos formas de relacionarse con la propia (interminable) neurosis. En primer lugar, se puede excluir, apartarse de ella, disolverla, negarla, olvidarla. Si eso funciona, ¡genial! Sin embargo, esto no siempre es posible y puede dejarle a uno un poco claustrofóbico y demasiado vigilante. La otra manera es expandirse para incluirla. Es solo una cosa que ocurre, no la totalidad de lo que eres y lo que sientes.

En tibetano, la palabra para ecuanimidad es *tang-nyom*. *Tang* significa «liberar» y *nyom* significa «igualar». La ecuanimidad no consiste en sentirse bien con cualquier cosa que ocurra. Tiene más que ver con relajarse con lo que es. A veces «lo que es» es una siesta durante una tormenta, jugar con tu gato o comer un trozo de tarta de vainilla con crema de mantequilla. A veces «lo que es» es caerse de bruces, ponerse enferma, ver perder a tu partido político. Esta es la raíz de la verdadera ecuanimidad, y cuando el enfoque en el sufrimiento puede ser suavizado, los Cuatro descubren que tienen un don para ella.

El Guerrero de la Poética

> [...] no ahoguemos la nobleza que hay en nosotros por una sobrevaloración de los objetivos prácticos o por una preocupación por nuestra salvación, sino que, por el contrario, ennoblezcamos nuestro trabajo y nuestra religión aportando el aliento de la inspiración poética [...]. Porque la poesía es la unión de las aguas superiores y las aguas inferiores en el segundo día de la creación. El poeta es el punto en el que las aguas separadas se encuentran...
>
> ANÓNIMO, *Meditations on the Tarot*

Los Cuatro operan como los diapasones, vibrando junto con lo que está presente. Si se sostiene un diapasón en cada mano y se golpea uno de ellos contra una superficie dura, el segundo diapasón comenzará a pulsar en concordancia. Y al igual que el segundo diapasón, el Cuatro siente que la pulsación es totalmente suya, la siente como su experiencia interna. Lo es. Y no lo es.

Cuando tenía unos cinco años, mi padre decidió muy cariñoso llevarme a un partido de béisbol profesional en nuestra ciudad natal de Washington. Él había crecido yendo a los partidos con su padre y, presumiblemente, esperaba continuar la tradición con sus hijos. Tenía grandes recuerdos de estar con su querido padre comiendo perritos calientes, animando al equipo local y volviendo con sus amigos con historias que contar. Como era la mayor, me tocó ir primero.

No sé si alguna vez has estado en un evento deportivo profesional diurno en una gran ciudad, pero suelen funcionar así: la gente se agolpa alrededor para encontrar sus asientos, hay anuncios por megafonía instando al público a que apoye al equipo local, y luego se presenta a cada equipo. Recuerdo que me senté allí con gran emoción, feliz de estar con mi querido padre, solos él y yo. A continuación, el equipo visitante fue presentado y todo el estadio comenzó a abuchear y a vociferar. Me eché a llorar y estuve inconsolable hasta que mi padre decidió que teníamos que volver a casa. Él no sabía que tenía una Cuatro por hija…

Nunca olvidaré el impacto visceral de ser una persona diminuta en un gigantesco estadio al aire libre y luego ser subsumida por lo que solo podía imaginar que era el sonido de la gente siendo mala. No sabía nada acerca de las burlas simpáticas (y no tan simpáticas) sobre el equipo contrario, que eran una muestra de apoyo al equipo local. No sabía nada sobre el apoyo a favor o en contra. Desconocía que todos esos insultos de la multitud eran el equivalente a crear lazos entre el público local. Todo lo que sabía era que, de repente, todo el mundo estaba muy enfadado y yo estaba aterrorizada.

Recuerdo el momento en que el sonido se convirtió en mi experiencia interior. Pensé que me estaba pasando a mí. Era aterrador ser una cosa pequeña en un espacio gigante lleno de abucheos (nota: no ha cambiado mucho desde entonces). Y así es para todos los Cuatro que conozco: lo que ocurre fuera se siente como una experiencia interior. Se necesita mucha terapia, mindfulness, compromiso, lo que sea, para que un Cuatro empiece a separar las experiencias externas de las internas. Hasta que podamos hacerlo, sentimos lo que ocurre a nuestro alrededor como la verdad de nuestra experiencia interior, mientras que la verdad de nuestra experiencia interior puede perderse en el mundo que nos rodea.

9
8
1
7
2
6
3
5
4

CINCO
El Guerrero de la Visión Clara

> En el «acto de conocimiento» la ciencia procede desde el movimiento visible a sus causas invisibles, y en el «acto de realización» procede de las fuerzas invisibles a su movimiento visible.
>
> ANÓNIMO, *Meditations on the Tarot*

En el diagrama del eneagrama, hay un espacio entre el Cuatro y el Cinco que no existe entre los otros tipos. Los Cuatro y los Cinco son los más propensos a dejarse caer simplemente en el espacio de la oscuridad; son los introvertidos y depresivos del sistema. Los Cuatro y los Cinco son bastante sensibles, pero los Cinco tienen una especie de vulnerabilidad e indefensión a la que los Cuatro, con su orientación a la emoción y su interés por la vida interior, no se entregan. Cuando uno se retira al pensamiento al enfrentarse a una dificultad, también debe asegurarse de que la vía de retirada no esté bloqueada. ¿Qué bloquea la retirada? Cualquier cosa que distraiga a los Cinco de sus propios pensamientos, como otros seres humanos, el tiempo interrumpido y las visitas inesperadas. Los Cinco protegen su sanctasanctórum más estrechamente que cualquier otro tipo. Necesitan privacidad. Quieren controlar el acceso a sí mismos.

Los Cinco marcan el tipo introyectado en la tríada mental. En otras palabras, toda la actividad mental «entra» o se retiene, al igual que la energía intuitiva para los Uno y la energía emocional para los Cuatro. El viaje de transformación para los Cinco es encontrar dentro de la avaricia (la pasión) la capacidad de ser omnisciente (la virtud).

Los Cinco se preguntan, examinan y estudian continuamente lo que les interesa. Sin embargo, a diferencia de sus homólogos Siete (el tipo mental expresivo), se aferran a sus observaciones y conclusiones... y la propia retención puede ser una fuente de alegría y vitalidad. La suya es una vida mental, marcada por un aire de misterio y conocimiento interior.

Los Cinco creen que pueden dominar la vida dominando un sistema de pensamiento. La atención se dirige a profundizar en la comprensión (de lo que sea de valor para el Cinco en particular) con la idea de que ganará quien tenga la comprensión más profunda. Piensa en los frikis de la informática que se pelean en los foros de internet tratando de ser más astutos que los demás sobre cómo funciona una determinada aplicación. Este es el sabor característico.

Puede ser difícil saber si estamos conectando con nuestros amigos Cinco por su calidad remota. Como ya hemos dicho, no aceptan las interrupciones. Los Cinco son esas raras personas que realmente disfrutan de su propia compañía; pueden pasar horas, días, eones, sin necesidad de conectarse con otros.

Cuando se tiene una relación con un Cinco, puede ser difícil saber si te quieren. Esto no se debe a que sean insensibles o poco amables, sino a que en realidad son los más frágiles de todos los eneatipos y requieren mucho espacio.

Hace poco, estaba haciendo un rompecabezas con mi sobrina. Ella tenía una habilidad infalible para adivinar qué pieza iba en cada lugar. Lo completó en un santiamén y me recordó lo que se debe sentir al ser un Cinco: centrado, atento a los patrones que disciernen cada borde y esquina.

Los Cinco pueden descifrar los códigos de los grandes misterios, ya sean mecánicos, científicos, creativos o interpersonales. Poseen un don de comprensión y pueden ser extraordinariamente pacientes con las ideas, las pruebas y el desarrollo de un cuerpo de conocimientos. Siempre que se les deje hacer. Es mejor acceder a los Cinco cuando ellos nos lo permitan, no en el momento que decidamos nosotros. Una vez que abren la puerta, pueden ser tan amorosos, dadivosos y alegres como cualquiera de los otros tipos.

Pasión: *avaricia*

Los Cinco no son más o menos codiciosos que el resto de nosotros a la hora de querer obtener dinero, estatus y pertenencias. Más bien, su avaricia es por saber. Mientras se están generando datos, todas las puertas del reino de la sabiduría permanecen abiertas. Cuando este acto concluye en forma de decisiones, hipótesis y resultados, los Cinco pierden interés. Investigar es más divertido que escribir. Disfrutan indagando, y creen que siempre se puede profundizar más. Más conocimiento. Más hechos. Más percatación.

Virtud: *omnisciencia*

Cuando un Cinco se relaja, su capacidad de conocimiento se expande. Aquí, omnisciencia significa conocer lo que debe ser conocido cuando es cognoscible, sin esfuerzo y sin tener que vigilar el propio territorio para tener acceso.

Idealización: «*Soy conocedor*»

La idealización de cada tipo expresa lo que hace que ese tipo se sienta poderoso, y para los Cinco, el conocimiento en sí mismo es poder. Cuando estás «en el ajo», no puedes ser engañado y, como todos los tipos mentales, los Cinco son temerosos. Para ellos, el conocimiento crea protección y seguridad.

Evitación: *el vacío*

La meditación, la práctica de permitir que los pensamientos sean como son (en lugar de analizarlos u organizarlos), puede ser especialmente difícil para los Cinco. En la práctica de la meditación, descansamos nuestra atención en la respiración. Si la atención se absorbe por completo en el pensamiento, la instrucción es darse cuenta de que se está pensando, soltar los pensamientos, volver a la respiración y empezar de nuevo. La práctica regular de esta técnica muestra la naturaleza efímera de todos los pensamientos. Vienen. Se van. ¿De dónde vienen y a dónde van? Puedes hacerte esa pregunta. Yo me la he hecho y la respuesta que obtengo es que *no tengo ni idea*. No vienen ni vuelven a nada. Aunque algunos pensamientos parecen bastante sólidos («No me gustas, aléjate de mí») y otros no tanto («Me pica el jersey»), cada uno de ellos surge, permanece y se disuelve.

Cuando tu razón de ser es el conocimiento, puede plantear problemas. Todos clasificamos algunos de nuestros pensamientos como VIP (según Chögyam Trungpa Rinpoche) y otros como intrascendentes. Esta práctica nos muestra que los pensamientos no son intrascendentes, en particular, sino impermanentes.

Cada tipo puede tener su propia reacción a esta comprensión, pero para los Cinco puede ser particularmente descorazonador, si se confunde lo efímero del pensamiento con la falta de sentido. Sí, todos los fenómenos (incluidos los pensamientos) están vacíos, según el Buda. Pero también son luminosos. Vacío y luminosidad, inseparables el uno del otro; vacíos de existencia separada (en lugar de nulos y vacíos), pero, al mismo tiempo, rebosantes de su propia presencia.

Esta particular visión de la vacuidad-luminosidad nos señala una y otra vez la realidad que está más allá del pensamiento. No es fácil para nadie sintonizar con ella, pero los Cinco pueden tener que cruzar un abismo bien conocido para los que viven en el mundo del pensamiento.

Fijación: *tacañería*

Llamar a la fijación de los Cinco tacañería evoca algún tipo de cicatería económica o material. Los Cinco están tan interesados (o no) en el dinero y las posesiones como podamos estarlo el resto de nosotros. Su avaricia y tacañería consisten en retener lo que es valioso para ellos, que probablemente no sea dinero. Es más probable que se trate de información, percatación, conocimiento del mundo interior y, sobre todo, que traten de preservar su privacidad personal. Ahí es donde se puede contemplar profundamente el conocimiento que se ha reunido.

Los Cinco no solo retienen la información, sino que se retienen a sí mismos, sin dar nunca un paso hasta que se haya reunido más información. Y más y más y más.

Tengo un amigo que dice que quiere dejar su insatisfactorio trabajo en el mundo empresarial y formarse como *coach* de liderazgo (¡por cierto, estoy segura de que sería genial en eso!). Es como si se hubiera estado preparando toda su vida para hacer ese trabajo. Todo apunta a ello. No obstante, ha pasado casi una década desde que lo mencionó por primera vez. Cada vez que le pregunto cómo le va en este o aquel programa de formación, creo que le hago sentir incómodo. No está preparado. No se trata de la desidia de un Tres que teme el fracaso o de un Nueve que evita el conflicto. Más bien, me parece que el sueño de convertirse en *coach* se hará añicos cuando se encuentre con las inevitables complejidades, decepciones y desafíos imprevisibles que conlleva cualquier nueva empresa. Es mejor guardarlo en su interior, donde puede seguir esculpiendo la idea hasta convertirla en algo perfecto e intocado por el caos humano.

Estilo de conversación: *instructivo*

A los Cinco les gusta exponer sus argumentos y lo que comparten puede tener el sabor de una presentación. Siempre que escucho un informe meteorológico en la televisión pienso: Cinco. Si el presentador es un Cinco o no, no tengo ni idea. Pero la mayoría de nosotros solo queremos saber si va a hacer sol o va a llover, si debo llevar abrigo o no. La gente del tiempo puede decírtelo, pero también quieren que sepas por qué va a hacer sol o va a llover. Gracias. Pero estoy segura de que la mayoría de nosotros no estamos sentados ahí, tomando notas. ¡A menos que seas un Cinco!

Integrados: *en el Ocho*

Cuando el poder exterior y la fuerza de un Ocho se mezclan con la de un Cinco, resulta una combinación muy poderosa. Pueden hacer que las cosas sucedan; no están tan atrincherados en proteger su postura de observación. Los Cinco pueden ser los más retraídos de todos los tipos del eneagrama, mientras que los Ocho son los que más energía proyectan. Cuando un Cinco puede sacar toda su perspicacia al mundo que le rodea y preservar su estado de ánimo, puede dar el mismo peso a lo que sabe y a lo que hace.

Desintegrados: *en el Siete*

Un Cinco bajo estrés comienza a acercarse a la gente, lo cual es incómodo para él. Es posible que renuncie a su seriedad habitual y experimenten con una actitud más despreocupada, lo que no es natural para ellos y es un signo de angustia. Aunque a un Cinco le resulte profundamente incómodo caer en una actitud hedonista, hay algo que aprender en lo que uno encuentra allí: tal vez algo más libidinal, no formado y crudo. Cuando un Cinco puede pasar tiempo y encontrarse cómodo en el reino del pre-pensamiento, puede cruzar de nuevo al mundo del pensamiento de una manera más dimensional.

Subtipos

Conservación: *castillo*

Los Cinco conservación crean un mundo y un hogar parecido a un castillo. Es como si hubiera fosos, muchas puertas y códigos de seguridad; solo ciertas personas pueden entrar y solo pueden quedarse durante un determinado período de tiempo.

Social: *tótem*

Como todos los subtipos sociales, la atención de los Cinco sociales se sintoniza con los grupos; sin embargo, en lugar de buscar una relación con el grupo, buscan explicaciones totémicas de por qué las cosas funcionan como lo hacen. El eneagrama mismo, por ejemplo, es el sueño de un Cinco tótem, que está en sintonía con los patrones que otras personas no pueden ver.

Sexual: *confianza*

Aquí, la palabra confianza no se utiliza para designar la creencia en uno mismo, sino para señalar el deseo de los Cinco sexuales de tener una persona en la que puedan confiar y a la que puedan revelar su mente. Este es el contratipo. Los Cinco sexuales son más propensos a buscar la intimidad que los otros subtipos.

Arco de transformación: *de la avaricia a la omnisciencia*

Veo cualquier película o programa de televisión de Corea del Sur. Me encanta el estilo, la sustancia, el humor y la garra. Y los trajes. Hay una serie que estoy siguiendo, *Stranger*, que trata de un fiscal que busca librar a su departamento de la corrupción, mientras que al mismo tiempo quiere limpiar las calles de mala gente. Lucha contra el crimen desde dentro y desde fuera. Lleva trajes perfectamente cortados y conduce un superlujoso Hyundai. En fin. Como con todos los fiscales de la televisión, tiene un mandato, algo muy personal que le obliga a resolver crímenes contra todo pronóstico. ¿Nuestro héroe? No es un experto en ir de incógnito. Este no es su último trabajo antes de la jubilación. No está decidido a perseguir a un asesino en serie que también mató a su cónyuge. Ninguno de los tropos habituales de las series de detectives se aplica aquí. Más bien, Hwang Si-mok se basa en una sola cualidad que lo diferencia de todos los demás y lo hace imperturbable y siempre exitoso en su búsqueda de la justicia: carece de toda capacidad de empatía. Un episodio temprano le muestra alejándose de una mujer mayor que se ha derrumbado en la acera tras el asesinato de su hijo. Ella le suplica a Si-mok que encuentre al asesino. Él solo la mira y se encoge de hombros.

No es que sea una persona de corazón duro. Todo lo contrario.

Si-mok perdió su capacidad de empatía por un procedimiento quirúrgico diseñado para salvarle de la hipersensibilidad al sonido. De niño, era propenso a episodios violentos porque no podía tolerar el más mínimo cambio de tono, registro o volumen. El graznido de un pájaro podía provocarle un colapso. Una risa chillona podía hacer que arremetiera con los puños cerrados. La música del apartamento de al lado le hacía gritar y buscar los brazos de su madre. Nadie podía tolerar su sensibilidad, y menos aún el propio Si-mok. Se propuso una cirugía cerebral y todo el mundo básicamente dijo: «¿Hagan lo que sea!». Aunque la cirugía resolvió su problema de hipersensibilidad al sonido también desconectó las sinapsis responsables de la empatía. La buena y la mala noticia era que Si-mok estaba curado. Pero aunque podía sentir lo que ocurría dentro y alrededor de él, no podía *preocuparse*. Así pues, sin verse distraído por las emociones humanas, era capaz de resolver cualquier crimen a través de una visión clara.

Bien, espero que sepas que no estoy diciendo que los Cinco sean extraños robots sin sentimientos. Todo lo contrario. Están tan desprotegidos emocionalmente que, al igual que Si-mok, tienen que encontrar una manera –que no incluirá necesariamente una cirugía cerebral experimental en la televisión– para eludir la reactividad excesiva.

El lugar de la seguridad está en la búsqueda del conocimiento, y esto está en el corazón de la avaricia de Cinco. Aunque la palabra avaricia puede evocar imágenes de acaparamiento de joyas o de adquisición excesiva de billetes de dólar, para los Cinco la avaricia es por más datos y más espacio para contemplar lo que se ha adquirido. Si los ávidos de bienes materiales se dedican a tocar su dinero o a contemplar su abundancia, los Cinco utilizan su tiempo para pensar más profunda y cuidadosamente sobre sus posesiones mentales. Tal contemplación requiere una intimidad y una privacidad inexpugnable, así como quietud. Por muy pequeño que sea, cualquier guijarro que se arroje en un estanque tranquilo creará ondas. Más quietud. Más privacidad. Más información. Más tiempo. Más, más, más. La mala noticia y la buena noticia es la misma: en la búsqueda de la comprensión, siempre hay más que encontrar. Mientras que en el acto de recopilación, todas las demás preocupaciones pueden caerse fácilmente por el camino, ser vistas alrededor, descontadas.

¿Cómo hace un Cinco para transmutar su pasión en su virtud asociada: la omnisciencia? La diferencia entre ambas es la confianza. Recordemos que la tríada mental también se llama la tríada del miedo, los que luchan con la ansiedad y la paranoia como respuestas por defecto a la amenaza. La avaricia es una función del miedo. La omnisciencia indica cierto grado de relajación. Aunque tanto la pasión como la virtud tienen que ver con la comprensión profunda, el énfasis de la primera está en la retención. En el caso de la segunda, se trata de dejarse llevar, de la receptividad. El esfuerzo proviene de la mente convencional. La receptividad lo hace de la mente de la sabiduría. La verdad es que las cosas que más valoramos y buscamos en esta vida –el amor, la sabiduría, la perspicacia, la creatividad, la innovación, la conexión– tienen una cosa en común: cada una es algo que recibimos en lugar de producirlas. No importa lo brillante que sea tu plan, no puedes salir y adquirir amor, sabiduría, etc. Más bien, todas estas cosas surgen cuando hacemos espacio. Cuando un Cinco puede retener el anhelo de comprensión y plantarlo en el espacio de la vasta receptividad, lo que desea conocer se conocerá a su debido tiempo, a su manera, y según la lógica incognoscible del karma.

Como en todos los arcos de transformación, pero quizás especialmente para los Cinco, el trabajo consiste en dejar de trabajar. Relajarse. Confíar en uno mismo. Abrirse a lo que es. Entonces todo lo que desees saber se revelará como algo ya presente.

Alguien preguntó una vez a Chögyam Trungpa Rinpoche cuál era nuestro mayor miedo. Su respuesta: el espacio. Lo que más tememos es el espacio. He pensado mucho en esto a lo largo de los años. Sí, tenemos miedo al espacio; a la incertidumbre, a lo imprevisible, a no tener un diagnóstico, ya sea de enfermedad o de resultados. Tememos entrar en situaciones nuevas. Tememos correr riesgos. Tememos la falta de definición en las relaciones. Todo esto es completamente comprensible. Sin embargo, la certeza –o el rechazo, un rechazo reflexivo de la necesidad de la misma– no creará el ambiente interior de confianza profunda que conduce al verdadero conocimiento.

El mayor espacio que encontraremos es nuestra propia mente. Cuando está llena de teorías, juicios, críticas, opiniones y esquemas, nos sentimos blindados. Sin embargo, la naturaleza de la mente no son opiniones o nociones. Es el espacio mismo. Por lo tanto, tiene todo el sentido que nuestro mayor miedo sea el del mayor espacio: nuestra propia mente.

El miedo es la base de los Cinco, Seis y Siete, y cada tipo mental encuentra su forma de llenar el espacio de tal manera que el miedo pueda ser manejado. Los Seis llenan el espacio mental con dudas. Los Siete lo llenan con ideas y planes. Los Cinco lo llenan con la contemplación. En algún momento la contemplación se convierte en un obstáculo, no en un camino, para la omnisciencia.

El propio Buda (y su alumno Avalokiteshvara) tenía un gran consejo sobre cómo trabajar con el miedo al espacio. Curiosamente, no tenía nada que ver con sentirse cómodo con el no saber o ser realmente bueno en el manejo de la ansiedad. Más bien, su consejo era soltar, soltar y seguir soltando. Y luego soltar un poco más. En uno de los textos centrales del budismo, el *Sutra del corazón*, esto se expresa en el mantra «*OM gate, gate, paragate, parasamgate, bodhi svaha*», que puede traducirse (¡de forma imprecisa!) como: «Eh, ido, ido, ido completamente más allá, despierto».

Pema Chödrön dice: «Al igual que una semilla contiene el árbol, este mantra contiene toda la enseñanza sobre la permanencia en la *prajñaparamita* [perfección de la sabiduría], permanecer en el estado sin miedo». Como tal, es la enseñanza consumada para los Cinco (y para cualquiera, en realidad) sobre cómo relacionarse con el miedo. Suelta. Sigue soltando.

Vuelve a soltar. No intentes convertirte en uno con el espacio. Reconoce que eres el espacio y que de alguna manera este es el último conocimiento. Me han dicho que esto conduce a la felicidad, la liberación y la omnisciencia, la capacidad natural de conocer lo que es cognoscible en cada momento.

El Guerrero de la Visión Clara

Aunque he escrito varios libros, siempre resulta difícil, confuso, descorazonador, sorprendente, delicioso…, raro. Cada libro es su propio universo. Se puede fluir fácilmente al principio y luego atascarse. El siguiente puede funcionar exactamente al revés. Uno puede parecer claro hasta que te sientas a escribirlo y el contenido sigue su propio curso… o no. Uno puede escribirse de forma lineal según un esquema; el siguiente, no tanto. Cuando escribía *The Wisdom of A Broken Heart*, parecía que todas estas cosas sucedían al mismo tiempo. Seguía escribiendo pequeños fragmentos durante el día con la esperanza de que se formularan en un manuscrito coherente mientras dormía por la noche. Sin embargo, cada mañana me despertaba con el mismo desorden. ¿Por qué el libro no tomaba forma? Tal y como se hace con las obras de no ficción, había escrito una propuesta muy completa esbozando el contenido de la introducción, los cinco capítulos siguientes, apéndices, epílogo, etc. Tenía la hoja de ruta. ¿Por qué seguía chocando contra un muro?

Sucedió que yo estaba en las montañas de Colorado mientras todo esto ocurría, cuidando la casa de unos amigos en un lugar maravilloso y aislado a una hora de Fort Collins. Todo era perfecto..., excepto que nada funcionaba. La casa estaba a una hora de un centro de retiros muy querido para mí, el Centro Drala Mountain. Una mañana, después de lanzarme una vez más al manuscrito sin éxito, decidí abandonar por ese día y conducir hasta el centro de retiros para cambiar de aires. Una vez que llegué, me encontré con una vieja amiga, que era la brillante editora de algunos de los mejores libros sobre el *dharma* jamás escritos: «¿Cómo estás?», le pregunté. «Aburrida –contestó–. Estoy entre proyectos y no tengo nada que hacer».

Así de fácil, mi suerte cambió. Le ofrecí contratarla por un día para que revisara mi desordenado manuscrito. «Es poco probable que resuelva todos mis problemas, pero unas horas de su tiempo me pueden ayudar», pensé.

No podía estar más equivocada. Resolvió todos mis problemas, y para el almuerzo del día siguiente nos sentamos juntas y me dijo: «Tengo tres palabras para ti: voz, vista y estructura. Tu voz está bien. Tu punto de vista (que en lenguaje budista significa visión, perspectiva, sabiduría) está bien. Pero la estructura es totalmente errónea. Abandona la idea de los capítulos largos y escribe veintisiete capítulos pequeños como viñetas independientes. Clasifícalos en tres secciones: "Relájate", "Mira dónde estás", "Estás dónde estás" –hizo una pausa–. ¿Quieres un poco de postre? Veo que están sacando galletas».

Esta era la brillantez de los Cinco en plena exhibición. Una visión pura, no obstaculizada por la conciencia de la imagen, la necesidad de impresionar o la intención de insertarse de alguna manera. Su perspicacia estaba totalmente al servicio del trabajo y nada más. ¿Cómo lo hizo en menos de veinticuatro horas? No lo sé. El superpoder de visión, claridad y precisión de los

Cinco es invisible a simple vista. Nadie puede explicarlo, ni siquiera los Cinco. Pero cuando estás en el extremo receptor, la verdad y la lucidez vigorizante de su visión crea un orden luminoso a partir del caos.

9
8
1
7
2
6
3
5
4

SEIS
El Guerrero de la Verdad

> [La voluntad humana está] deseosa de un arreglo intelectual para liberarse de las contradicciones inquietantes. Mientras retrocede, mientras se niega a decidirse a saltar o a volar sobre el «perro» de la sumisión a la autoridad («obediencia crédula») y el «lobo» de la crítica que niega toda autoridad («revuelta crítica»), o sobre la de las tesis y la de sus antítesis, la inteligencia, sin embargo, queda mal parada por las gotas imperceptibles, que emanan de la radiación de la síntesis eclipsadas por la proyección de la sombra de la voluntad humana arbitraria que cae en su subconsciente y la perturban constantemente.
>
> ANÓNIMO, *Meditations on the Tarot*

Los Seis son el punto central desconectado de la tríada mental. En otras palabras, les cuesta decidirse porque no confían en sus propios pensamientos. El viaje, desde el miedo (la pasión) hasta el valor (la virtud), es uno de los más difíciles de hacer dentro de todo el sistema del eneagrama. Dudar de ti mismo y de tu propia mente supone un gran obstáculo. Cualquier pensamiento podría ser cierto, pero a un Seis se le pueden ocurrir diez pensamientos contradictorios en el acto y no estar seguro de con cuál quedarse. Esto crea una vida interior nerviosa y propensa a la ansiedad. Imagina que no estás seguro de en cuál de tus pensamientos confiar. La duda sería tu estado mental predominante. Así es para los Seis. Son personas que dudan.

Cuando nunca estás seguro de que tu comprensión sea totalmente correcta, desconfías de todos y de todo, por lo tanto, todos y todo pueden suponer una amenaza. Más que otros tipos, los Seis están muy atentos a la autoridad (ya que representa las mayores amenazas) y adoptan uno de los siguientes dos enfoques para mitigar su peligro: o bien intentan permanecer ocultos mientras fingen ser obedientes (aunque en el fondo son rebeldes) o se ponen en el centro de la escena para llamar la atención de las autoridades. Aunque estos enfoques puedan parecer opuestos entre sí, expresan el mismo deseo: evitar que cualquier autoridad (o punto de vista autoritario) perjudique a los propios Seis o a otros.

Una vez escuché a alguien decir que la mayoría de los psíquicos genuinos en el mundo son Seis. Esto tiene sentido para mí. Los Seis están tan bien sintonizados con el entorno y con lo que ocurre tras la armadura de todos los que conocen que «recogen» información que el resto de nosotros no percibimos.

Debido a que los Seis desconfían de todo el mundo y presuponen mala intención, ponen a prueba a las personas con las que están en contacto. ¿Están diciendo toda la verdad? ¿Son honestos? ¿Qué ocultan? Si tienes la suerte de pasar todas estas pruebas, los Seis te introducirán en su círculo íntimo de por vida. Son capaces de una lealtad y una amistad extraordinarias. Pueden ser defensores excepcionales de aquellos que han aceptado en su mundo o se sienten asediados por autoridades en las que no confían. Descubrir (y merecer) un amigo así es una gran suerte.

Pasión: *miedo*

Para los Seis, la reacción refleja frente a las circunstancias es retroceder hasta que se establezca algún tipo de seguridad de base. La amenaza siempre se asume (lo cual tiene sentido, ya que siempre está presente). Todas las circunstancias son culpables hasta que se demuestre su inocencia, e incluso entonces esta puede ser cuestionada. Como se ha mencionado, los Seis no pueden creer en sus propias opiniones o juicios. Esto haría que cualquiera tuviera miedo. «¿Te he juzgado mal, la situación, el color del cielo? ¿Eres realmente quien dices ser? ¿Estoy tomando la decisión correcta?». Cuando no puedes dejar de hacer preguntas, excepto en la rara y bendita ocasión en que aparece un verdadero amigo, es muy muy aterrador.

Virtud: *coraje*

Cuando los Seis pueden dejar de lado la duda, lo que queda es su capacidad única de defender a los demás (y a sí mismos) cuando es necesario. No se lo piensan demasiado; simplemente actúan. La historia del mundo está llena de héroes Seis porque denuncian la injusticia (al igual que los Ocho y los Uno) a su manera, lo que suele implicar mirar más allá del velo de las instituciones, los organismos y las empresas, es decir, de cualquier entidad que se pasee por la tierra con el poder de ignorar las limitaciones de la decencia humana.

Idealización: *«Estoy a salvo»*

En este mundo peligroso, lo mejor que se puede hacer es estar seguro. «¿Es seguro este edificio y tenemos comida y dinero?», «¿Mis amigos y mi familia me cubren realmente las espaldas?», «¿Mi pareja me es realmente fiel?». Si puedes responder afirmativamente a cada una de estas preguntas (¿y quién puede?), estás a salvo.

Evitación: *desviación*

Mientras se sigan las reglas, deberíamos estar bien, así que evitar desviarse de ellas es de suma importancia. Conozco una pareja en la que uno de sus miembros es un Seis y el otro un Tres. Al principio del confinamiento del COVID en 2020, estaban perfectamente de acuerdo sobre las precauciones que debían tomar: mascarillas, lavado de manos, dos metros de distancia de personas desconocidas para ellos, ninguna visita a lugares públicos. Un día, el Tres llegó a casa y mencionó que había comido con un colega en un restaurante. Esta era una relación importante y la única oportunidad que tendrían de hacer negocios juntos. Mi amiga Seis enloqueció. Sintió que su salud había sido puesta en peligro por la persona en la que más confiaba, su pareja..., pero la angustia no se detuvo ahí. Cada acuerdo hablado y tácito entre ellos ahora tuvo que ser reconsiderado. Se recuperaron, pero solo después de atravesar un período de desconfianza que afectó muchísimo el sistema nervioso de mi amiga Seis. Ahora llevaban más de una década juntos, pero al principio de su relación ella había estado durante mucho tiempo planteando a su pareja la pregunta: «¿Puedo confiar en ti?». Nadie quiere tener que revisar esa pregunta en una relación íntima, pero para un Seis es particularmente perjudicial.

Fijación: *cobardía*

Los Seis no son más débiles de corazón o tímidos que el resto de nosotros. Pueden arriesgarse, avanzar en medio de la incertidumbre, asumir responsabilidades, etc., pero siempre acompañados de la desconfianza. Detrás de la desconfianza está el miedo, ciertamente, pero cuando la desconfianza es reflexiva, la respuesta por defecto a todo puede ser más una expresión de ansiedad flotante y, después de todo, los Seis (como los Cinco y los Siete) son propensos a la paranoia. Se necesita valor para confiar y, de todos los puntos del eneagrama, este es el más difícil para los Seis.

Estilo de conversación: *reglas y normas*

Los Seis quieren asegurarse de que todo el mundo sepa cómo se supone que funcionan las cosas y de que se conozcan las reglas y los reglamentos (sea el juego que sea).

Integrados: *en el Nueve*

Cuando los Seis se sienten seguros, pueden tolerar la forma en que se desarrollan las circunstancias con una sensación de facilidad y sin la necesidad de comprobar continuamente la seguridad, el cumplimiento o la variación. Por ilógico que pudiera parecer, en los momentos de integración, los Seis pueden no sentirse tan seguros como tristes. Cuando van más despacio, ven sin lugar a dudas que nada puede arreglarse realmente, nunca. Toda la creación está entrando y saliendo constantemente de la existencia, moviéndose a través de matices de seguridad y protección, sin llegar nunca a ningún sitio. Nunca. Uno de mis más queridos amigos Seis describió la integración como «no seguir atrapado en la tiranía de la esperanza» porque, presumiblemente, ves que no hay esperanza. Esto no quiere decir que todo apeste y que siempre lo hará. Más bien es un reconocimiento especialmente tierno de la Primera Noble Verdad del budismo: la vida es insatisfactoria. ¿Por qué? Porque la verdad es que no hay nada a lo que aferrarse. Aunque la leyenda dice que esta comprensión puede ser liberadora, para la mayoría de nosotros, y para los Seis en particular, no lo es. Más bien, descubrimos que estamos atrapados aquí mismo, en el planeta

Tierra, con todos los seres sensibles que han existido, existen y existirán. Poder ver esto claramente de alguna manera nos libera en el reino de los Nueve, donde impera la compasión, la decencia y la capacidad de honrar todos los puntos de vista.

Desintegrado: *en el Tres*

Cuando son incapaces de crear una sensación de seguridad, los Seis simplemente trabajan más, más y más. Además de perder el contacto con sus pensamientos, pierden el contacto con sus corazones. Un amigo Seis equiparó el duro trabajo que conlleva este punto de desintegración a esnifar cocaína. Hay un subidón temporal y vertiginoso que siempre está a punto de desaparecer..., mejor hacer un poco más. Es muy seductor porque al estar ocupado y atareado no parece tener miedo. Sin embargo, el miedo está ahí.

Subtipos

Conservación: *calidez*

Un Seis calor es alguien que intenta hacer frente a la siempre presente sensación de amenaza demostrando que él mismo no es una amenaza. El objetivo es no atraer el fuego. Aunque son tan contrarios como los otros Seis, lo disimulan mejor aparentando acercarse a la gente para establecer un sentido de lealtad y comunidad.

Social: *deber*

Los Seis sociales creen que el mundo sería mejor (léase: seguro) si todos conocieran y siguieran las reglas, y cumplieran con su deber. Esto es cierto por supuesto. Sin embargo, nunca ocurrirá. ¿Y entonces qué?

Sexual: *fuerza y belleza*

Como todos los Seis, los Seis sexuales buscan crear seguridad. Para ello, se esfuerzan trabajando para parecer muy fuertes o muy bellos, un ideal intimidatorio. Si parezco superpoderoso o muy bella, nadie se atreverá a cruzarse conmigo (resulta que esto es a menudo cierto).

Arco de transformación: *del miedo al valor*

¿Cómo se convierte el miedo en valor? Los Seis están marcados por su relación con el miedo. Cuando nunca estás seguro de si tus deducciones, opiniones, percepciones o juicios son «reales», hay una sensación perpetua de inquietud. Para los Seis, que están entre los grandes contrarios del sistema del eneagrama, hay seguridad en seguir estando asustados y miedo en sentirse seguros. Todos operamos de vez en cuando con la superstición «de que si me preocupo, no pasará», pero para los Seis, esto es un zumbido subconsciente perpetuo: «¿Qué es lo que no me preocupa que pueda pasar? ¿Dónde está la amenaza oculta? Sé que se esconde en alguna parte. ¿Qué pienso/siento/

creo que podría descubrirme como alguien que es fraudulento/ridículo/ingenuo?». Estas son preguntas perennes en la mente de un Seis. La verdad es que son grandes preguntas. Siempre hay una amenaza al acecho en alguna parte. Los Seis tienen razón en esta suposición. Sin embargo, de alguna manera, el resto de nosotros puede encontrar una forma de confiar en... algo. «Las paredes probablemente aguantarán, no hay razón para pensar lo contrario... No veo señales de que me vayan a despedir hoy... Parece que le gusto a mi compañero...». Para la mayoría de nosotros, estos pensamientos podrían ser tranquilizadores. Para un Seis, no lo son. Cuando cada suposición y observación crea un segundo pensamiento (en la línea de «¿Y si esto no es así?»), está presente un estado perpetuo de incertidumbre. De todos los tipos del eneagrama, los Seis son los que vibran con más ansiedad.

Una vez hablé con una amiga Seis, también practicante budista, sobre la ansiedad que sentía justo antes de dar una clase o de reunirse con un nuevo cliente. Decirle a un Seis (o a cualquiera, en realidad): «Lo harás bien. No hay nada de qué preocuparse» es muy poco útil. Lo que pareció más útil fue señalar que la ansiedad es simplemente una forma de vigilia (una forma desagradable, sin duda). No se puede tener sueño y estar tenso. Cuando se está atrapado en la agonía de la ansiedad, hay hiperconciencia, sintonía, poderes de observación más profundos. Si uno es capaz de liberar estas capacidades de sus historias sombrías de desastre inevitable, se queda simplemente en un estado superconectado. Al impartir una clase o al conocer a alguien nuevo, se cree que estar conectado y atento es beneficioso.

Cómo separar las historias vinculadas al miedo para liberar la energía subyacente es una cuestión que deben considerar todos los Seis. Al igual que los Tres, que comienzan a notar el *engaño* en lugar de intentar desterrarlo (porque eso nunca funciona; no somos máquinas), los Seis podrían empezar, no por denunciar el miedo como un problema, sino por darse cuenta de cuándo surge, y punto. Sentir lo que se siente al tener miedo. No te preocupes mientras tanto de por qué tienes miedo (aunque seguro que hay una buena razón) o lo justificado que esté (sin duda lo está). Solo, por ahora, deja de lado la lógica del miedo. Como tipos mentales, esto no es fácil para ningún Seis. Como se señala con brillantez en la cita que abre esta sección, un Seis está «deseoso de un acuerdo intelectual para liberarse de las contradicciones inquietantes».

Para todos los eneatipos mentales, pensar en las cosas es a la vez un talento y un escondite. ¿Qué se puede hacer ante la ansiedad además de analizar y evaluar sus causas y condiciones y preparar los planes A, B, C y Z para contrarrestarla? Se podría empezar por sentirla u observarla, si esa parece una palabra mejor. En otras palabras, no intentes evitarla, desmontarla o transmutarla…, simplemente obsérvala. Acompáñala. Ofrécele un asiento a la mesa porque, en verdad, la mesa a la que se sientan los Seis es lo suficientemente amplia como para albergar todo lo que sienten, piensan e intuyen. La ansiedad es simplemente un (irritante) invitado a la cena. Y lo que es más importante, el mero esfuerzo de dar cabida al miedo es ya un gesto de profunda valentía. Así pues, misión cumplida.

Cuando comenzó la pandemia del coronavirus, todos los Seis que conozco se relajaron. Por fin, su miedo a la catástrofe estaba plenamente justificado, y aunque seguía habiendo muchas amenazas de las que protegerse, no consideraron necesario advertir a todo el mundo de que tuviera cuidado con el omnipresente peligro. Todos entramos en un estado de Seis. Los acontecimientos normales como ir a comprar al supermercado, ir a la iglesia o hablar con un vecino tenían que ser medidos por la amenaza. ¿Se puede confiar en nuestras instituciones para protegernos? Probablemente no. ¿Había una solución para este problema? No. Finalmente, todos veíamos el mundo como lo hacen los Seis, y como los Seis reales podían relajarse porque todo el mundo estaba en sintonía con los peligros que acechan en la vida ordinaria y en las estructuras de gobierno. Cuando eres el único que presta atención a las fuentes de peligro potencial, es angustioso. Cuando todos lo hacen, te puedes relajar. Un poquito.

El Guerrero de la Verdad

Cuando empecé a estudiar budismo, se ponía mucho énfasis en lo que se denomina «naturaleza búdica», el despertar innato que todos ya poseemos. La meditación y otras prácticas espirituales no eran para desenterrar y prescindir de tus muchos defectos, con lo que te iluminarías. Debían apagar la idea de que, para empezar, tenías defectos y que, de hecho, ya estabas iluminado. Defectos como el egoísmo, la rabia, la depresión, los celos no eran defectos incrustados en tu psicología o debidos a haber nacido pecador. Más bien, estas cualidades eran evidencia de tu confusión acerca de ser ya perfectamente digno y completo.

Cuando estás seguro de tu naturaleza búdica, el egoísmo, la rabia, etc., se liberan por sí mismos.

La naturaleza búdica se considera a veces sinónimo de «bondad fundamental», la noción de que nacemos completamente intactos, a pesar de todas las pruebas (muy convincentes quizás) que evidencian lo contrario. Se nos aconsejó que investigáramos esto por nosotros mismos: ¿tenemos realmente fe en la decencia humana fundamental? Si es así, dado que todos los fenómenos (también según esta visión) son una manifestación de la mente, el mundo se presentaría ante nosotros de una manera particular. Si no, se presentaría de una manera diferente, más extraña. Tener confianza en la naturaleza búdica era básicamente el billete. O, como dijo una vez Albert Einstein: «La decisión más importante que tomamos es si creemos que vivimos en un universo amistoso u hostil». No sé qué le hizo decir eso (aunque me gustaría), pero los budistas de todo el mundo estarían de acuerdo, y por razones muy budistas.

¿Cómo puede alguien (y mucho menos un Seis) desarrollar la confianza de que ya estamos en posesión del despertar absoluto? No estoy segura, pero sí que lo estoy de que esto es cómo no hacerlo: hacer una lista. Dividirla en dos columnas. En un lado, confecciona una lista de razones para creer en la naturaleza búdica (gatitos, amor verdadero, pasteles, extraños que ayudan a extraños). En el otro, haz una lista de razones para dudar de ella (Hitler). Luego haz un recuento de cada lado y comprueba cuál gana. La columna de la duda siempre ganará. Es mucho más fácil encontrar ejemplos de personas que actúan como imbéciles que como budas. Además, al hacer esas listas, sentimos lo vulnerable que es imaginar que los seres son decentes y cuerdos y lo tontos que pareceremos cuando la vida nos demuestra (una y otra vez) lo ridícula que es esa noción y lo avergonzados que deberíamos sentirnos por nuestra ingenuidad.

El ejemplo más extraordinario y punzante de la brillantez de los Seis me llegó durante una visita al tristemente célebre campo de concentración de Auschwitz en el verano de 2016. La idea de alguien de unas vacaciones familiares: asegurarnos, como judíos, de que nuestros hijos fueran educados sobre las realidades del antisemitismo y otras formas de odio. Pues eso. Nuestro guía turístico era un hombre polaco que vivía a unos pocos kilómetros de distancia. Describir los horrores de Auschwitz era su trabajo y lo había sido durante casi una década. Le seguíamos mientras describía el propósito de cada edificio y el mal y el sufrimiento inimaginable que se producía en cada momento. Entramos en las cámaras de gas. Vimos los «barracones» para los prisioneros; parecían más bien perreras que celdas de prisión. Y así sucesivamente. La presencia del guía era fría pero también intensa, una combinación muy interesante, totalmente acorde con el trabajo que tenía que realizar. En un momento dado, me puse a su lado mientras esperábamos para entrar en una sección del campo: «¿Cómo es vivir tan cerca de un lugar como este?», le pregunté. Al instante, me respondió: «¿Qué distancia sería suficientemente lejos?».

Nunca olvidaré sus palabras y el poder que se puede obtener al adentrarse en lo que es más brutal como forma de protección.

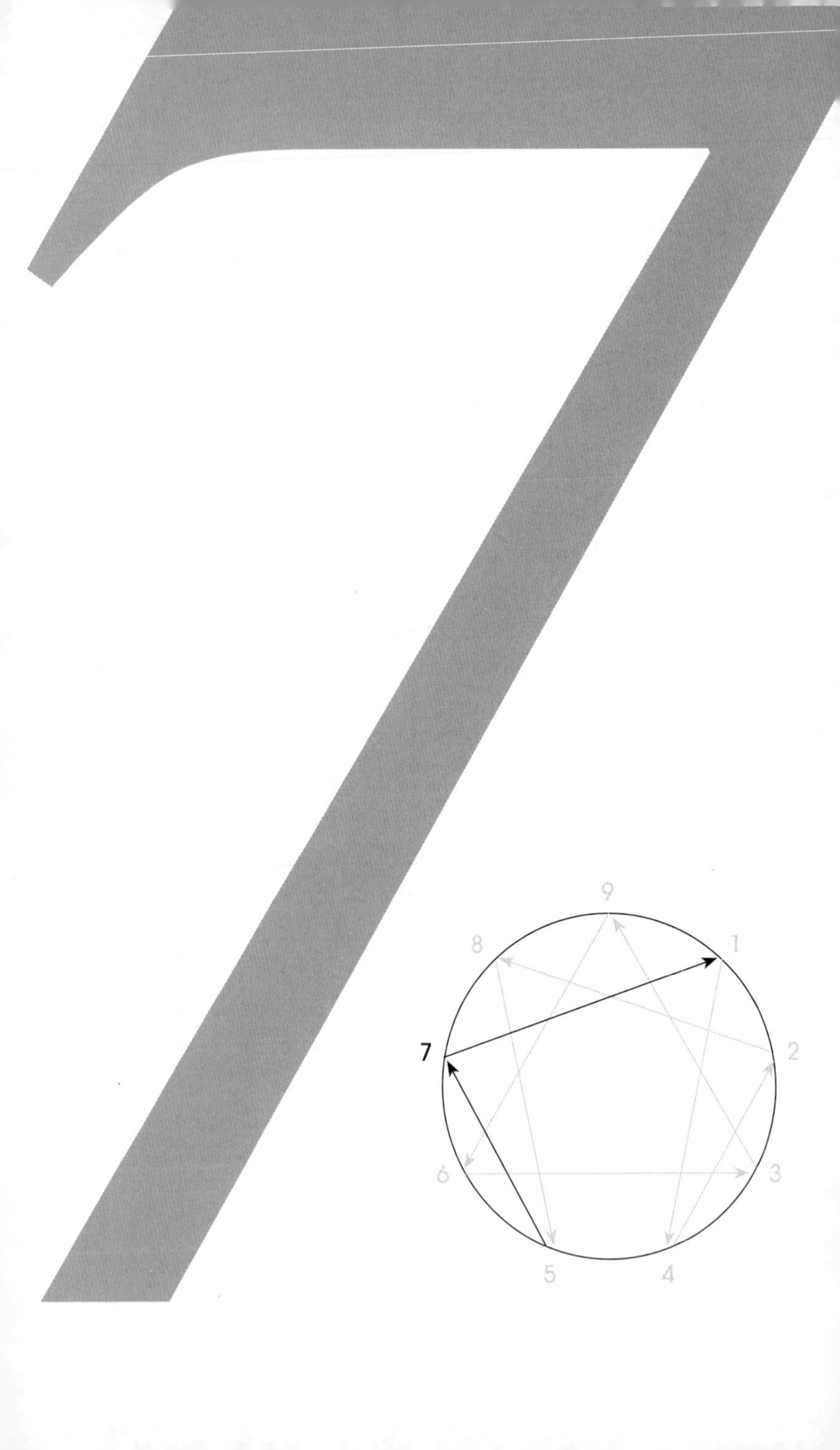
9
8
1
7
2
6
3
5
4

SIETE
El Guerrero de la Magia

> Soy un unicornio, y soy una criatura mágica y hermosa hecha de puto sol y arcoiris y buenos sentimientos.
>
> TJ KLUNE, *The Lightning-Struck Heart*

Los Siete, como eneatipo en la tríada mental donde toda la energía mental se extiende hacia el exterior, se centran en las ideas, el potencial y las opciones. Ven posibilidades en todas partes. Su trabajo consiste en transformar la pasión de la gula en la virtud de la sobriedad, para aprender cuándo es suficiente en un mundo donde siempre se prefiere *más*. La gula consiste en tener más de lo que proporciona placer (hasta que no lo hace). La sobriedad es saber lo que se siente como suficiente.

Los Siete son los visionarios del eneagrama, aquellos cuya mirada está fijada en el horizonte. Los Siete buscan los vínculos, la emoción y lo nuevo. Son propensos a sacudir lo común. Aunque pueden ser maravillosamente innovadores, hay aspectos de la vida que se benefician de la constancia y la consistencia. Estos aspectos son de poco interés para los Siete (a menos que puedan retocarlos, «mejorarlos» o replantearlos).

El dolor es la principal evitación para los Siete (más adelante se hablará de esto). Por supuesto que todos queremos evitar el dolor; sin embargo, el dolor es una parte importante de la experiencia humana. Ignorarlo, ya sea descontándolo, minimizándolo o replanteándolo como una «oportunidad», solo crea más dolor. A los Siete les repugna el dolor como una pérdida de tiempo.

Una vez trabajé en proyectos para un jefe Siete. Cada uno de ellos era bastante complicado, en la vanguardia de cómo se empaquetaba y vendía la música (en la época en que todavía se empaquetaba). A menudo me encontraba con problemas para poner en práctica nuestras ideas. Pero cada vez que intentaba discutirlas con él, me decía que no tenía tiempo para eso. Luego me reñía por no ser capaz de hacer cosas que, evidentemente, él creía que cualquier imbécil podía hacer. Empecé a maldecirle por su insensibilidad y arrogancia. Empecé a evitarle y él a mí.

Entonces me di cuenta de que era un Siete. Los Siete evitan el dolor y los problemas. Se centran casi exclusivamente en las posibilidades y las opciones. Ven los problemas como pesos muertos que frenan el progreso. Por otro lado, los Cuatro ven los problemas como una señal de que algo significativo está sucediendo. Por fin se echa un vistazo a lo que es superficial y orientado a la superficie. La mirada de un Siete se dirige continuamente hacia el horizonte, hacia lo que podría ser. La mirada de un Cuatro es atraída hacia el interior. Naturalmente, mirábamos en dos direcciones diferentes, aunque pensábamos que mirábamos lo mismo. No tratábamos necesariamente de resolver el problema de qué hacer ahora que los precios habían subido en la imprenta o cómo decirle a un artista que no nos gustaba su trabajo. Más bien, él buscaba la alegría de lo posible y yo buscaba que se me apreciara por mis sensibles percepciones.

Cuando reconocí nuestra dinámica, la siguiente vez que tuve un problema, le dije: «Tengo una idea y me encantaría conocer tu opinión». Tuvo tiempo para conversar en el acto. Entonces le conté mi problema, formulado como una idea. Este simple cambio eliminó todo el rollo de «le gusto, me odia, le odio, soy una perdedora», etc., y, en su lugar, nos centramos simplemente en el problema.

A los Siete les interesa la felicidad por encima de todo. ¿Qué puede haber de malo en esto?, puedes pensar. La verdad es que las relaciones, las ideas y los proyectos encuentran invariablemente problemas que requieren la atención de los implicados. En este punto, sin embargo, nuestros amigos Siete pueden llegar a abandonar el barco. ¿De qué sirve considerar los problemas cuando hay tantas posibilidades en todas partes? Puede parecer que nos dejan las dificultades al resto de nosotros para que nos apañemos.

No importa. Los Siete nunca permanecen apartados durante mucho tiempo. El mundo siempre está inundado de posibilidades, algo que puede ser difícil de ver para el resto de nosotros que solo vemos un sufrimiento infinito, tratamos de estabilizar nuestros estados de ánimo, aprender en quién confiar, preocuparnos por nuestros seres queridos...; ya sabes, un día normal. Para todos los demás. Para los Siete, no; su optimismo innato rara vez está lejos de la superficie. Son capaces de transmitir una sensación de esperanza que nos eleva a los demás, incluso en medio de las circunstancias más oscuras. Los Siete tienen un poderoso don para la alegría y para recordarnos que cada momento es una aventura disfrazada. Su positividad no es una decisión. Es una forma de ser.

Hace muchos años, fui camarera en un club nocturno de blues en Austin, Texas. Describir cómo era este lugar llevaría otro libro. Una extraordinaria banda acompañaba a todos los grandes que pasaban por la ciudad –Albert Collins, James Cotton, Buddy Guy, John Lee Hooker, Albert King, Otis Rush– y a los menos conocidos: Lazy Lester, Pinetop Perkins, Snooky Pryor, Eddie Taylor. El club fue el hogar de Stevie Ray Vaughan. Cuando las celebridades o las estrellas del rock estaban en la ciudad, se acercaban a última hora de la noche para mirar y animar, e incluso para sentarse. En algún momento, el dueño del club se dio cuenta de que esto debía compartirse con todo el planeta Tierra y creó un sello discográfico. Como yo no trabajaba durante el día, me invitaron a ayudar, empaquetando cajas, redactando facturas, etc. Resultó que yo tenía un don para hacer que el mundo supiera que estas grabaciones existían y, lo que es más importante, el mundo tenía la habilidad de quererlas. Esto es un hecho raro. Después de un tiempo, cargamos un autobús para salir de gira, y de repente yo era una especie de directora de gira/publicista/representante de todo aquello. Cada club en que queríamos tocar también quería que tocáramos allí. Todas las publicación que queríamos que escribiesen sobre nosotros también querían hacerlo. De alguna manera una foto de nuestro entorno discográfico terminó en un periódico local, en la que aparecía nuestro maestro de ceremonias, Sugar Bear; la cofundadora del sello y *chanteuse* de *chanteuses*, Angela Strehli;

nuestra jefa de distribución, la bella Connie Kirch; y yo, con una camisa blanca metida dentro de unos vaqueros lavados a la piedra, pelo negro corto, gafas de aviador. Nunca antes ni después he alcanzado tal apoteosis de frescura. Todo era posible. Todo lo que queríamos tocar nos alcanzaba. Todo *cuadraba*. Cuando reflexiono sobre cómo sería vivir en la mansión de los Siete, este recuerdo siempre surge.

Pasión: *gula*

Si algo sienta bien, más de eso sentará mejor. Cada escenario se sondea en busca de sus posibilidades de estímulo y positividad. Una vez, un amigo me contaba que hacía poco se había encontrado con alguien que hacía tiempo que no veía. Estaban en la esquina de la calle y se preguntaron mutuamente sobre la vida, el trabajo y la familia. Cuando mi amigo se alejó, se vio inundado por un mar de bienestar caído del cielo, que se disolvió al instante, cuando recordó: «Espera, pero si ese tipo no me gusta». La primera inclinación de un Siete es buscar lo que siente bien, lo que realmente no está nada mal, a menos que te haga olvidar quiénes son realmente las personas.

Virtud: *sobriedad*

Cuando un Siete puede refrenar su hambre de lo nuevo, aporta su enorme visión al momento presente, permitiendo que el resto de nosotros se beneficie de ella. El deseo de más (como táctica para evitar el dolor) se disipa, y los Siete pueden dirigir su creatividad y vitalidad a sus verdaderas prioridades.

Idealización: *«Soy feliz»*

¡Todo es estupendo! Por un lado, esto es, por supuesto, lo que todos buscamos: la felicidad. Pero cuando se insiste en la felicidad en lugar de crearla, en realidad es una forma de sufrimiento.

Evitación: *el dolor*

El dolor está siempre en el presente. Aleja la mirada del horizonte y baja a la tierra, que no es el medio preferido de los Siete.

Fijación: *planificación*

Cuando los Cinco se sienten deprimidos, buscan más información. Cuando los Seis se sienten deprimidos, construyen refugios. Los Siete dedican tiempo a pensar en los pasos que hay que dar hacia un futuro mejor. Esto puede parecer maduro y constructivo, y puede serlo, cuando se basa en algo distinto del miedo. Para los Siete, el mayor temor es el de quedar atrapados.

Siempre hay algo mejor a la vuelta de la esquina. Hay un nuevo restaurante/estrategia de gestión del tiempo/régimen de aptitud física que cambiará tu vida.

Estilo de conversación: *narrativo*

¿No lo ves? Podríamos hacer esto y luego podríamos hacer aquello y después iremos aquí y luego allí... No es raro tener una conversación emocionante y divertida con un Siete en la que se intercambian miles de ideas y anécdotas divertidas, pero cuando te vas, no puedes recordar lo que se dijo. Fue divertido, pero es posible que no tengas más detalles que cuando empezaste la conversación.

Integrado: *en el Cinco*

Los Siete son los entusiastas del eneagrama y los Cinco son los maestros de la autocontención. Cuando la vasta visión de un Siete se mezcla con la profunda capacidad de comprensión del Cinco, toda esa asombrosa visión puede ser utilizada de la manera más beneficiosa.

Desintegrados: *en el Uno*

Cuando su euforia se ve frustrada, los Siete se repliegan en el lado puntilloso y perfeccionista del Uno y pueden llegar a centrarse en los detalles más pequeños, indignándose ante el fracaso.

Subtipos

Conservación: *amigos y familia*

Los Siete conservación se sienten seguros al pertenecer a un grupo que refleje las ideas y filosofías de los demás. Aunque parezcan bastante sociables, también construyen lo que todo subtipo de conservación busca: protección y un medio de defensa en caso de peligro.

Social: *sacrificio*

El Siete social honra las obligaciones con los demás para avanzar hacia objetivos positivos. Este es el contratipo, siendo el menos Siete, ya que sumerge su deseo natural de cambio y variedad para honrar los compromisos con los demás.

Sexual: *fascinación*

Los Siete sexuales siempre están a la búsqueda de quién o qué es lo siguiente que les va a enamorar. Son los casanovas del eneagrama. Mientras una persona o una idea sigan siendo fascinantes, les gusta. Cuando la fascinación se desvanece inevitablemente, siguen adelante. No es raro que los Siete sexuales coloquen a las personas en un pedestal, casi siempre antes o al principio de la relación: «Esta persona es la perfecta empleada. Este amante es el compañero perfecto. Mis amigos son los mejores amigos». En algún momento, por supuesto, se produce el desorden humano. Los Siete sexuales son particularmente propensos a este gambito, que resulta ser bastante doloroso para todos los involucrados.

Arco de transformación: *de la gula a la sobriedad*

Cada arco de transformación dentro del sistema del eneagrama es extraordinario –doloroso, poderoso, valiente, mágico–, pero el arco de los Siete puede encarnar estas cualidades sobre todo porque el trabajo consiste en alejarse de lo que se define convencionalmente como placentero hacia algo más sombrío. ¿Quién querría hacer eso, especialmente en un mundo que valora la posibilidad, la innovación y la «diversión»? Sin embargo, llega un momento, incluso cuando el deleite es puro, en que se convierte en demasiado: un escondite, una excusa, un sumidero.

En mis propias experiencias con la gula, lo que realmente intento hacer es ignorar algo doloroso. Puede que al principio te sientas muy bien al darte un capricho (en lo que sea), pero en algún momento me despierto y miro a mi alrededor para descubrir que he perdido la noción de mi vida. La verdad es que es doloroso ser humano. Hay desilusión, frustración, confusión y pérdida. Pero ¿por qué iba a pasar uno el tiempo enfrascado en ese dolor cuando hay ideas que tener, posibilidades que imaginar y alegría que compartir? Es realmente difícil encontrar buenas razones…, a menos que seas, por ejemplo, el Buda, Jesús, Moisés, Mahoma o cualquier figura central de una tradición de sabiduría, porque todos ellos dicen alguna versión de lo mismo: hay poder en el dolor. La compasión surge de la apertura al dolor de este mundo. Estamos aquí, no solo para nosotros, sino para beneficiar a los demás. En este sentido, permitir el dolor es el centro de una vida con sentido. Dicho esto, fuera de las rigurosas tradiciones de sabiduría, contemplar el dolor no se considera un pasatiempo deseable. Nuestro mundo premia lo contrario: llevar la fiesta allá donde vayas.

Este arco de transformación pide al glotón que introduzca una brecha, un espacio entre el impulso y el consumo. Esa brecha se crea en la práctica de la meditación, en la que se pide al practicante que renuncie a las preferencias por los pensamientos alegres en lugar de los tristes, los pensamientos importantes en lugar de los triviales o, lo que quizá sea más difícil para todos nosotros (especialmente para los Siete), los pensamientos emocionantes en lugar de los aburridos. Gran parte de la gula se basa en el pensamiento..., y para los tipos mentales, esto es un espantajo particularmente traicionero.

Los Siete, como la mayoría de nosotros, buscan constantemente la magia: la magia de la novedad, del cambio, del crecimiento inesperado, de la alegría repentina. Pero la magia siempre está en el futuro. El dolor siempre está en el presente. Parte del trabajo de los Siete consiste en recuperar la magia de los sentimientos en el momento presente.

Tradicionalmente, esa magia tiene cuatro niveles.

Concentración atenta

Cada tipo de eneagrama tiene la propensión a refundir lo que se percibe a la luz de la neurosis central. Los Uno pueden encontrarse, por ejemplo, con la frustración sobre un proyecto de trabajo, y enfadarse. Los Dos, al encontrarse con la misma fuente de distracción, pueden proyectar esta frustración en un colega y preguntar si necesita ayuda. Los Siete pueden replantear la frustración como una oportunidad de girar en una nueva dirección. Todas estas respuestas pueden ser absolutamente correctas, pero lo que falta en cada caso es la verdad de abrirse a lo que es. No es ni un problema ni una ventaja. Es simplemente lo que ha surgido. Cuanto más directamente me dirijo hacia ahí, más directamente me dirijo a ello –y esta es la clave– sin que haya un objetivo (por ejemplo, que desaparezca la frustración), más descubriré la fuerza de la experiencia directa, que de algún modo no se produce en mi beneficio, pero que siempre es una expresión de mi sabiduría. Para los amigos Siete (y para todos nosotros, en realidad), la magia de la unicidad tiene más que ver con cabalgar sin problemas las interminables olas de la experiencia fenoménica sin elegir esto o aquello como algo a favor o en contra de «mí». Lo que nos lleva a la:

Simplicidad

El segundo nivel de magia tiene que ver con la no adquisición. En lugar de tratar de aprender o crecer a partir de la experiencia (no es que haya nada malo en ello; sin embargo, tratar de aprender o crecer puede volverse adictivo), simplemente dejamos la experiencia tal como es, ya sea frustrante, gloriosa, penetrante o aburrida.

Sin fundamento

Normalmente, intentamos utilizar cualquier experiencia para establecernos de forma más segura en el firmamento del yo. Oye, ¡que me quiero a mí! ¡Yo también te quiero a ti! No estoy sugiriendo nada en el ámbito del autodesprecio o la autoabnegación. Más bien, en esta tercera etapa, la falta de fundamento significa algo así como renunciar a la visión relativa. Es muy difícil de explicar, principalmente porque yo misma no lo entiendo, pero está relacionado con ver que la oscuridad solo existe porque la luz también existe. La oscuridad y la luz están en un mismo espectro. En este sentido, no hay diferencia entre la oscuridad y la luz. *Son la misma cosa*. Por supuesto, percibes la oscuridad y percibes la luz, pero en este reino particular de magia no hay un sentido de punto de referencia. Sí, como he dicho, yo ni siquiera entiendo lo que acabo de escribir. Así que, ya sabes, ¡buena suerte! Dicho lo cual, hay algo profundamente mágico en ver esta verdad: no hay suelo. Como dijo Chögyam Trungpa Rinpoche: «La mala noticia es que estás cayendo por el aire, sin paracaídas, sin nada a lo que agarrarse. La buena noticia es que no hay suelo». Así que, amigos Siete, es mejor que voléis.

Inofensividad

Por lo general, vemos todo como si estuviera a favor o en contra de nosotros mismos. Eso es algo totalmente razonable en este mundo de incertidumbre y amenazas. Debemos ser profundamente pragmáticos en el mundo convencional y trabajar duro por lo que creemos y en quien creemos. Por «inofensividad» no estoy sugiriendo que nos pongamos en plan hippie y pretendamos que el bien y el mal son iguales. Más bien, dentro de uno mismo, cuando uno trabaja para profundizar en su capacidad como mago (algo en lo que los Siete son naturalmente brillantes), podría cultivar la ecuanimidad y la satisfacción con lo que es y cómo te sientes con respecto a «lo que es». Cuando se tiene la sensación de abrirse a ella plenamente sin tratar de aferrarse o rechazarla particularmente. Cuando estás triste, lo mismo. Aquí es donde la verdad de la magia se revela más plenamente.

Entre estas cualidades –concentración atenta, sencillez, falta de fundamento e inofensividad–, nos encontramos con el manantial de la magia ordinaria que es el ser mismo. En este ámbito, la gula se convierte naturalmente en sobriedad.

El Guerrero de la Magia

Hace algunos años, conducía desde Boston hasta el norte del estado de Nueva York para asistir al campamento del Good Life Project (Proyecto Buena Vida, GLP), un encuentro coorganizado por mi amigo Jonathan Fields, creador del *podcast* del mismo nombre, y su encantadora esposa, Stephanie. Otros que conocía del mundo GLP también estarían allí, incluyendo a Kristoffer Carter, un músico, *coach* de negocios y autor, que fue el maestro de ceremonias del evento. Cerca de doscientas personas de la tribu GLP acudieron para conversar, divertirse, conectar, dormir en literas, comer galletas y hablar de las obras. Yo estaba destinada a dar una charla sobre el tema de mi más reciente libro, *The Four Noble truths of Love: Buddhist Wisdom for Modern Relationships* [Las cuatro nobles verdades del amor: Sabiduría budista para las relaciones modernas]. Estaba muy agradecida por esta oportunidad.

Durante las varias horas que estuve conduciendo desde Massachusetts hasta Nueva York, mis demonios conocidos tomaron el control de mi mundo interior: «¿Quién eres tú para pensar que a los demás les interesa lo que tienes que decir? La gente acude para divertirse y tú no eres particularmente buena en el tema diversión. ¿Cuántas veces en tu vida te han preguntado "por qué eres tan seria"? (Grrr). Las nociones de tu libro no son fáciles de transmitir… ¿Qué pasa si decepcionas a Jonathan y aburres a su gente?». Y así sucesivamente. Con cada kilómetro que discurría, me iba sintiendo más pequeña…

Cuando llegué al campamento (era un campamento de verano real, fuera de temporada), seguí las señales para aparcar y conduje por esta colina y por ese recodo, con un temor cada vez mayor. A poca distancia, vi una especie de puesto de bienvenida donde ofrecían botellas de agua y saludos en general. Pude distinguir a mi amigo Kristoffer, sonriendo, riendo, con una camiseta verde con una especie de eslogan. Cuando me vio, vino corriendo por el pequeño sendero para saludarme, y entonces vi lo que decía su camiseta decía: «Tratando de impresionar a Susan Piver». «¿Qué? ¿Por qué alguien querría impresionarme? ¿Y por qué querría impresionarme tanto como para mandar hacerse una camiseta? ¿Cuál es la respuesta ante un gesto así?». Bueno, todavía no sé las respuestas a estas preguntas; todo lo que sé es que mi corazón se derritió. Su alegría alcanzó la diana de mi corazón. Mis preguntas y dudas de poca monta se disolvieron en su expresión de amor, de autoabandono. Nunca lo olvidaré (aunque todavía sigo sin saber qué le poseyó).

Este es uno de los muchos regalos de los Siete. Tienen la capacidad de cortar las dudas y vacilaciones, no presentando un argumento, sino simplemente con su presencia entusiasta, que siempre comunica que la alegría inesperada está aquí. Elevan la energía por encima del horizonte hasta un cielo azul abierto, espacioso y sin nubes.

9
8
1
7
2
6
3
5
4

OCHO
El Guerrero de Poder

> Dominar a los demás es la fuerza. Dominarse a uno mismo es el verdadero poder.
>
> LAO TZU

Para los Ocho, la atención se centra en cómo pueden controlar cualquier situación en la que se encuentren. Su trabajo consiste en transformar la pasión de la lujuria (querer dominar todo y a todos) en la virtud de la inocencia (presentándose en la vida con una confianza que impida la necesidad de dominar). Tienen una fuerza vital extraordinaria y no se puede superar su capacidad de argumentación ni dejarlos atrás. Siempre están dispuestos a más y a apuntarse a lo que sea –una pelea, una reunión de negocios, una cena–, etc.

Al ser el eneatipo de la tríada de la intuición en la que toda la energía se extiende hacia el exterior, los Ocho están simplemente seguros de que lo que ven es la suma total de lo que es posible ver. Casi no tienen dudas. Borran los puntos de vista y las opiniones de los demás.

Los Ocho se comportan como si fueran las personas más fuertes en la habitación, y lo cierto es que probablemente lo sean. Suelen tener más energía física y resistencia que los demás. El resto de nosotros literalmente no podemos seguir su ritmo, lo que sirve para reforzar las ideas de nuestros amigos Ocho de que son la presencia dominante. Los Ocho no entienden por qué todos los demás son tan débiles.

Los Ocho creen que la ira es saludable. Si alguna vez oyes a alguien decir: «Me gusta una buena discusión. Es ideal para despejar la mente», puede que estés hablando con un Ocho. Mientras el resto de nosotros tratamos de evitarlas, los Ocho piensan que las discusiones significan que las cosas finalmente se vuelven reales.

Como mencioné anteriormente, tuve un accidente de coche hace mucho tiempo y nadie esperaba que viviera. Durante algunos años después de eso, tuve muy mal carácter. La gente que me conocía y trabajaba conmigo en aquel entonces te lo dirá. Todos me tenían miedo. Una vez llamé a un proveedor con el que trabajábamos para preguntar cuándo recibiríamos el pago por las mercancías pedidas. La persona que contestó dijo que su contable ya se había ido a casa. Me da mucha vergüenza admitir lo que hice a continuación. Perdí los estribos… mucho. Empecé a increpar a esta pobre persona inocente, acusándola de retener dinero de la empresa donde yo trabajaba. Ella seguía intentando explicarme que nadie podía responder a eso ahora mismo, y yo seguía insistiendo en que, en realidad, alguien podría si dejara de tratar de ponerme una venda sobre los ojos. Todo lo que decía me enfurecía porque lo interpreté como un acto de agresión que solo podía ser contrarrestado con un acto de agresión más potente (si pudiera volver a hablar con esa persona y pedirle disculpas...). Aunque ciertamente no estoy diciendo que los Ocho sean unos imbéciles como yo, lo que digo es que si alguna vez has visto enemigos donde no los hay (¿y quién no los ha visto?), es que has probado el sabor de la energía de los Ocho. Cuando un Ocho se libera de su necesidad de dominar basada en el miedo (o de ser dominado), su energía conquistadora puede dirigirse a proteger a aquellos que son menos poderosos que ellos (que somos básicamente todas las otras personas). De todos los tipos del eneagrama, los Ocho pueden ofrecer un verdadero refugio a los demás. No temen enfrentarse a verdades difíciles. Su valentía nos da coraje al resto.

Pasión: *lujuria*

«Lo que sea que estés sirviendo, tomaré un poco más». Aunque la comprensión común de la palabra lujuria es que tiene algo que ver con el sexo, aquí la lujuria tiene una connotación diferente. Se trata de existir en un estado continuo de insuficiencia y búsqueda de posesión.

Virtud: *inocencia*

Los Ocho que están contentos con su realidad pueden aparecer en las situaciones de su vida sin necesidad de controlar, estar al tanto o ser el más listo de la sala. Uf. Qué alivio para todos, especialmente para el propio Ocho.

Idealización: «*Soy competente*»

A nadie le gusta sentirse o ser percibido como incompetente, desde luego. Pero para los Ocho, ser incompetente es ser lo peor del mundo: un perdedor. Los perdedores no merecen respeto. Los Ocho se dedican a ser vistos como «ganadores» (lo que sea que eso signifique). Ser competente es tener el control, y el dominio es lo que buscan. Cuando están ciegos ante las necesidades de los demás, pueden ser muy perjudiciales y peligrosos. Cuando está al servicio de esas necesidades, el Ocho puede proporcionar protección y seguridad cuando no podemos hacerlo por nosotros mismos.

Evitación: *inocencia*

Mi amigo y maestro budista Michael Carroll cuenta una historia de cuando era pequeño. Su familia se trasladó de la ciudad a los suburbios, lo que le permitió disponer de muchos lugares para correr al aire libre. En una de sus incursiones, descubrió un pájaro herido, que recogió con cuidado y llevó a casa. Su padre construyó una pequeña jaula para que el pájaro descansara, y le dieron un poco de comida y agua. Michael se sentó junto al animal hasta que llegó la hora de irse a la cama. Mientras se dormía, pensó: «Ese pájaro va a ser mi mejor amigo... Lo haremos todo juntos... Cuando llegue la hora de ir a la escuela, vendrá conmigo... Vamos a vivir tantas aventuras...». Cuando se despertó por la mañana, corrió hacia la jaula. Cogió cuidadosamente al pajarillo con las dos manos, y al hacerlo este voló hacia el cielo. En ese momento, sintió una increíble angustia y a la vez una inefable alegría. Su corazón se rompió y se alegró al mismo tiempo. Este es el viaje a la inocencia en pocas palabras.

Fijación: *venganza*

El Ocho se centra en la dominación. Para dominar, alguien o algo debe ser considerado una amenaza y, por tanto, ha de ser derrotado. Para reforzar continuamente la sensación de estar en la cúspide de la pirámide, los enemigos deben ser aplastados. Siempre hay una cuenta pendiente, siempre estás perdiendo o ganando una batalla. No hay término medio. Cuando no hay un enemigo natural, un Ocho obsesionado crea uno de la nada: «Si no estoy metido en una pelea, –puede pensar un Ocho–, no estoy prestando atención y por lo tanto soy vulnerable al ataque». Lo último que un Ocho quiere es sentirse vulnerable. Estar en una batalla es sentirse seguro.

Estilo de conversación: *«Hacerte sentir incómodo»*

Los Ocho pueden hacer que te cuestiones a ti mismo en todo momento, lo que es una forma de establecer su dominio. Hasta la conversación más sencilla puede parecer una confrontación. A menudo me doy cuenta de que estoy con un Ocho porque mi diálogo interno cambia de su nivel bajo normal de charla basada en el miedo a una autovergüenza extrañamente brutal.

Tanto si el Ocho me pone una zancadilla como si no, yo tomo la señal energética y empiezo a ponerme zancadillas a mí misma. Eso sí que es poder (si tienes algo difícil que decirle a un Ocho, por cierto, no te lo guardes, díselo. No les importan los montajes y las advertencias…).

Integrados: *en el Dos*

Este es uno de los arcos más bellos del eneagrama. Cuando los Ocho pueden relajarse sin necesidad de controlarlo todo y a todos, son capaces de poner su poder verdaderamente notable al servicio a los demás.

Desintegrado: *en el Cinco*

Cuando un Ocho se ve frustrado y su estrategia habitual de meterse con todo el mundo no cuaja, desaparece y planea el dominio desde detrás de una pared. El Ocho en el Cinco puede ser muy peligroso, y puede que no los veas venir.

Subtipos

Conservación: *supervivencia satisfactoria*

Los Ocho conservación son los supervivientes del eneagrama. Tanto si viven en una montaña como en un rascacielos, buscan controlar la mecánica de la supervivencia personal (comida, refugio, temperatura, etc.). Es la posición más dura, escarpada y rebelde del eneagrama. La cantidad de personas en las que deciden confiar es ¡ninguna!

Todos los Ocho están dispuestos a pelear y creen que pelear es lo que hace la gente de verdad cuando se gustan. Si el resto de nosotros nos sentimos apaleados por las batallas (¡yo lo hago!), los Ocho piensan: «Ahora estamos llegando a algo». Cuando se trata de los otros subtipos Ocho, puedes verlos venir a un kilómetro de distancia. Los Ocho conservación te pillarán por sorpresa.

Los Ocho (y los Cuatro y, hasta cierto punto, los Siete) creen que las reglas no están hechas para ellos. El Ocho conservación asume esta idea más que ningún otro tipo.

Social: *amistad*

Los Ocho sociales buscan pertenecer a un grupo que puedan controlar y proteger a toda costa. He observado que algunos Ocho sociales, cuando hablan de sí mismos (de su trabajo, ideas o planes), utilizan el pronombre «nosotros»: «Lo estamos estudiando», «Lo estamos construyendo», «No nos interesa». No se trata de un «nosotros» real, sino más bien de una indicación de que el Ocho gobierna un vasto imperio o es el líder de una empresa con innumerables secuaces.

Los Ocho sociales, como los otros Ocho, asumen el papel de protector de aquellos menos poderosos que ellos (básicamente todo el mundo). Cuando estás en su círculo íntimo, te sientes protegido como parte de un grupo fantástico. Y así es. Sin embargo, si te vas, los Ocho que harían cualquier cosa para protegerte, lo considerarán como una traición. En el mundo de los Ocho, y de los Ocho sociales en particular, hay dos tipos de personas: amigos leales y enemigos traicioneros. Según la sabiduría popular, este es el contratipo, tal vez porque los subtipos sociales a menudo parecen amistosos, un rasgo con el que los otros Ocho son menos propensos a lidiar.

Sexual: *posesión/rendición*

Al igual que los Ocho sociales, los Ocho sexuales también ven el mundo como compuesto de dos tipos de personas. Pero en lugar de amigos o enemigos, consideran a todo el que conocen como alguien que será poseído por ellos o a quien tendrán que rendirse. Este último es el peor de los casos. Que poseas o te posean convierte cada encuentro en una batalla.

Arco de transformación:
De la lujuria a la inocencia

Como con todos los procesos, es muy fácil empezar pensando: la pasión es mala, deshazte de ella. La virtud es buena. Por supuesto, esto nunca funciona. Especialmente con los Ocho, que tienden a aplicar cierto tipo de brutalidad a sus esfuerzos, sean cuales sean. Son muy buenos en avasallar, exigir y cambiar los acontecimientos a su favor a través de un simple despliegue de energía vital que el resto no poseemos.

En el budismo tibetano y en la tradición Bön, que precedió al budismo en el Tíbet, esta energía vital se denomina «caballo de viento», o *lungta* en tibetano. *Lung* significa aire, y *ta*, caballo. El caballo de viento podría describirse como una especie de exuberancia ecuánime que persiste ante todos los acontecimientos de la vida, buenos y malos, felices y tristes. Esto no tiene nada que ver con ser convencionalmente alegre o tener pensamientos positivos. Esta forma de exuberancia trasciende (e incluye) la positividad y la negatividad. Existe un compromiso inquebrantable con el mundo, con otras personas y con la propia experiencia de todo ello. Cuando el caballo de viento está alto, se tiene energía infinita para más vida. Aunque es fácil confundirlo con lujuria, en este sentido, al estar desvinculado de las preocupaciones personales, es inocente. Autoexistente. Sin punto de referencia. Lo abarca todo. Inocente de mí, aunque el *mí* esté plenamente implicado. La clave para los Ocho (y para el resto de nosotros, por supuesto) es darse cuenta de que hay una diferencia entre ganar o acumular energía y cabalgar la energía. Los Ocho tienen la sensación de extraer energía de ti, de mí, de cada circunstancia que encuentran. «¿Cómo puede esto añadirse a lo que ya poseo?» puede ser la pregunta central. Sin embargo, cuando nos soltamos y nos detenemos a mirar a nuestro alrededor, vemos que la energía está por todas partes. Las cosas están constantemente sucediendo, moviéndose, naciendo, deshaciéndose, manteniendo su propia energía. Acompañar lo que es en lugar de agarrarlo para nuestro propio propósito implica una especie de inocencia.

El caballo de viento se «alza» (como se describe) de dos maneras que, a primera vista, pueden parecer contradictorias, pero que, por supuesto, no lo son. Para los Ocho que desean pasar de la lujuria a la inocencia, son un buen punto de partida.

Cuidar los detalles

Los Ocho suelen ser conocidos por su valentía, claridad y decisión..., y con razón. Ven el camino a seguir, no entienden por qué los demás no lo ven así y se impacientan con detalles molestos como las opiniones divergentes, la burocracia y la confusión de los demás. Aunque esos detalles pueden resultar molestos, ignorarlos solo hace que el Ocho se adentre cada vez más en su cueva. En lugar de extraer energía del entorno, solo cuentan con su fuerza de voluntad. Pero la fuerza de voluntad es limitada. Cuando se confía demasiado en ella, el cuerpo empieza a protestar, desciende una gran soledad y los demás humanos se dividen en dos bandos muy limitadores: amigos o enemigos. Todos los Ocho con los que he trabajado –o para los que he trabajado, porque casi siempre son los que mandan– percibieron mis mejores cualidades y me tuvieron cerca cuando estuve en su equipo..., y me apartaron absolutamente de sus corazones, solo vieron mis defectos y me cargaron con muchas variedades de culpa (no todas inmerecidas; quiero decir que también he fastidiado muchas cosas) cuando me fui. Sencillamente, es más fácil ver el mundo en términos de blanco y negro cuando se navega hacia lo que uno quiere. No hay minucias que se interpongan en el camino. Sin embargo, si se detuvieran a observar lo que rodea su misión, ya sea conseguir más amor, dinero, influencia o tiempo, su poder empezaría a llenar el espacio en lugar de abrirse paso con una maza. En lugar de depender solo del calor interior autogenerado, los Ocho pueden atraer energía. Esta potente capacidad proviene de gestos extremadamente sencillos de preocupación por el espacio, la experiencia de los demás y –el problema de todo Ocho– el propio proceso. Cuando un Ocho está dispuesto a irradiar energía en el entorno en lugar de utilizarla solo para abrirse camino en él, su mundo se convierte en una fuente de vitalidad para sí mismo y para todos los demás que pasen por él.

Soltar

Los Ocho son maestros del aguante, de la perseverancia y de no rendirse jamás. Estas pueden ser cualidades muy admirables, por supuesto, pero a veces la motivación original para hacer lo que sea que se proponen se pierde en el proceso. La meta, no el proceso, se convierte en un objetivo único. Esta es una de las razones por las que son eficaces. Aunque nunca pierdan el enfoque y la motivación, puede suceder que quienes les rodean sí lo hagan. Y cuando el caballo de viento del entorno disminuye, todo se vuelve mucho más difícil, especialmente para el propio Ocho. El caballo de viento regresa de forma espontánea en el acto de soltar.

La verdadera valentía proviene de no tener miedo de uno mismo.

El Guerrero del Poder

Una vez compartí una experiencia con un hombre, Claude AnShin Thomas, que había servido en la guerra de Vietnam como artillero de puerta en un helicóptero de combate, que es alguien que sobrevuela territorio enemigo y lo rocía con una lluvia de balas. Salió de la guerra alcohólico, traumatizado y maltratador. De alguna manera, encontró su camino hacia la práctica del zen y acabó convirtiéndose en sacerdote zen y activista por la paz. Se enfrentó a sus heridas y a su papel como perpetrador asimismo de heridas con toda la franqueza de un Ocho: lo asumió plenamente. Se entregó a su rabia y a su miedo como parte de su práctica espiritual. No se engañó a sí mismo ni a los demás sobre quién o qué era. Miró directamente la plenitud de sus pecados. No pasó por alto nada... hasta que restableció de algún modo su cordura, que inmediatamente puso al servicio de los demás como maestro, amigo y benefactor.

Escribió un poderoso libro sobre ello, *At Hell's Gate: A Soldier's Journey from War to Peace*. Lo conocí cuando estuvo en Boston para dar una charla sobre el libro. Yo era amiga de su editor, Eden, y todos nosotros fuimos juntos a la charla, a una hora de coche de Boston.

Claude nos llevó en el coche que había alquilado, una especie de monstruo todo terreno de algún tipo. No tengo ni idea de cómo es posible encontrar un vehículo tan particular, solo sé que era potente, ruidoso y duro. Eden se sentó en el asiento delantero y yo en el trasero. Salimos a la autopista, e inmediatamente me di cuenta de que tanto él como yo teníamos pensamientos relacionados con maniobrar vehículos. Supuse que él quería conducir porque le ayudaba a controlar los síntomas de su trastorno de estrés postraumático (TEPT). Es difícil confiar en otra persona al volante.

Lo entendí bastante bien. Yo también sufro de TEPT como resultado de mi accidente de coche. Me recuperé contra todo pronóstico, pero nunca aprendí a sentirme cómoda en el asiento del copiloto. Puedo fingir estar relajada, pero en realidad me estoy agarrando la pierna, un reposabrazos, el asiento... mientras mantengo los ojos fijos en la carretera, especialmente en una autopista donde todos los vehículos van a gran velocidad, cambiando de carril e ignorando las normas de tráfico a su antojo.

Así que aquí estaba yo, como de costumbre, medio atenta a la conversación que Claude y Eden mantenían sin dejar de estar pendiente de la rápida sucesión de los cambiantes patrones del tráfico. Podía ver la nuca de Claude y sus manos al volante. Hablaba con Eden, encendía los intermitentes para cambiar de carril, adelantaba a los vehículos más lentos, se reincorporaba al tráfico normal, como se hace cuando se conduce. Mientras observaba todo esto, sentí algo extraño y me relajé. De alguna manera, sabía que la capacidad de atención de este hombre era incomparable. Se daba cuenta de todo. Ninguna parte de él se estaba distrayendo o despistando. Su cuerpo y su mente estaban sincronizados en el acto de conducir. No tuve que permanecer alerta. Me recliné en mi asiento.

Puede parecer un momento insignificante, pero nunca he sentido uno parecido desde entonces. Hay algo en el genio intuitivo de un Ocho despierto, que siempre va más allá de lo personal, que percibe la plenitud del entorno, capaz de cambiar de vía cuando las propias vías cambian, adueñándose de cualquier camino en el que se encuentre, sin tomarse nada personalmente mientras se encarga de todo para darnos a los demás la suprema seguridad de que alguien digno está al mando. Entonces todos podemos relajarnos.

9
8
1
7
2
6
3
5
4

NUEVE
El Guerrero de la Presencia

[...] no hay movimiento continuo,
solo sucesivos puntos de descanso.
ZENO DE ELEA

Como les ocurre a todos los eneatipos, el don de los Nueve es también su carga: pueden ver el punto de vista de todo el mundo. La transformación se produce cuando el Nueve permite que sus acciones surjan de su propio punto de vista. Aquí, la acción adecuda no se refiere a ser supereficiente y productiva, sino a la integridad que surge de actuar en beneficio propio. Al igual que los otros tipos del centro de cada tríada (Tres y Seis), el Nueve, en la tríada intuitiva, está desconectado de su motor central: la intuición. Esta puede ser la desconexión más difícil de gestionar entre los números de la tríada central. Cuando está desconectado de su corazón (como el Tres), puede confiar en lo que piensa (o en lo que hacen los demás) para informar sus acciones e intereses. Si dudas de lo que piensas (como los Seis), puedes perderte en acciones destinadas a hacer frente a peligros potenciales. Pero cuando no confías en tu instinto, no hay adónde ir. Puedes sentirte constantemente con la guardia baja porque no tienes un sentido fiable que te informe sobre lo que realmente está pasando. La vida cotidiana se basa en innumerables decisiones sobre cuándo actuar, qué decir, qué comer, qué programa ver o qué libro leer y qué camino elegir. Ya sea algo tan simple como el menú de un restaurante o algo tan intenso como decirle a alguien que te has enamorado de ella o él, cuando llega el momento, se recurre a algún tipo de intuición. No importa lo bien que hayas investigado los ingredientes de cada plato o lo mucho que hayas buscado señales que indiquen que tu objeto de deseo te desea, en el momento antes de seleccionar o expresar hay un vacío. Mágicamente, se toma una decisión que puede incluir sentimientos y pensamientos pero en el preciso instante, algo te dice: ¡adelante! (o no). A menos que seas un Nueve. Para un Nueve, ese mecanismo se apaga, y en lugar de hacer una elección, ya sea pedir la cena o hacer un gesto romántico, un Nueve simplemente se queda atascado.

Recuerdo la primera (y casi última) vez que fumé hierba, hace muchos muchos años. Cuando sentí el subidón, me asusté. Le pregunté a mi amiga: «¿Cómo se para esto?». Me dijo: «No puedes». Entonces me asusté de verdad… hasta que ella intentó comerse una galleta, solo que en realidad era una galleta para perros. Me reí *mucho*. Cuando me recuperé, me habló de su amiga que había muerto hacía unos años… y empecé a llorar… *mucho*. Me enseñó una foto suya nadando en el océano y pude sentir el agua salada en mi piel. Luego vimos una película y, aunque ahora no recuerdo nada de ella, fue la exposición artística más significativa que jamás había visto. No digo que los Nueve sean porreros, pero si alguna vez has tenido una experiencia de moverte sin problemas entre estados de ánimo, historias y observaciones sin mirar hacia delante o hacia atrás, es que has visitado el reino de los Nueve.

A menudo se describe a los Nueve como indecisos, pero creo que eso es demasiado simplista. Parecen indecisos ante los demás porque el punto de vista de cada persona llena tanto su mente que no pueden acceder a sus propios pensamientos hasta que encuentran tiempo para estar solos. Necesitan tranquilidad para saber lo que piensan.

Cuando tienes acceso a todos los puntos de vista *y* mantienes el tuyo, te vuelves capaz de hacer que todos los seres se sientan vistos, incluidos y valorados. Los Nueve son excelentes pacificadores o consejeros y pueden aceptar y amar a los demás sin tener que ejercer poder o dominio.

Pasión: *pereza*

Los Nueve no son unos vagos que se pasan el día tumbados en el sofá cubiertos de migas de galleta, al menos no lo son mucho más que el resto de nosotros. Su particular forma de pereza tiene que ver con lo que le cuesta mantenerse centrado en sus propios intereses ignorando las innumerables distracciones, los deseos de otras personas y un sinfín de opciones. Les da pereza poner en práctica sus planes, elegir el camino que les llevará a lo que más desean (a menudo ni siquiera están seguros de qué es lo que más desean) y expresar sus necesidades u opiniones.

Virtud: *la acción adecuada*

Aunque no puedo estar segura, considero que nuestro anterior presidente estadounidense, Barack Obama, es un Nueve. Sea cual sea la opinión que se tenga de él, no creo que nadie le considere un vago. Sin embargo, a principios de su primer mandato, leí un artículo sobre cómo dirigía las reuniones del gabinete que me llevó a creer que era un Nueve que se había movido, al menos en este caso, hacia la virtud de la acción adecuada. Según el artículo, Obama llegaba con una agenda muy apretada y preguntaba a los miembros relevantes del gabinete sobre sus opiniones. Cuando se expresaban opiniones divergentes, moderaba un debate improvisado, todo ello sin expresar su propia opinión. Luego abandonaba la sala, se sentaba un rato en su despacho y volvía dispuesto a transmitir todas sus decisiones. Es una forma muy propia de los Nueve (e inteligente) de hacer las cosas. Cuando estás convencido de cada punto de vista tal como se ha expresado, la única manera de llegar con pericia a la propia opinión es retirarte a un espacio donde puedas escucharte a ti mismo a solas. Este es un buen ejemplo de una acción adecuada.

Idealización: *«Me siento cómodo»*

Para los Nueve, el estado más deseable es estar cómodo. Sin tensiones, sin intrusiones, sin nada en la agenda, sin obligaciones; solo tiempo y espacio para estar.

Evitación: *conflicto*

Cuando existe una preocupación constante por tener que tomar decisiones, hay una forma de evitar tener que hacerlo alguna vez: evitar tener tu propio punto de vista. La solución es refugiarse en los puntos de vista de los demás y convertirte en el objetivo más pequeño posible. Si nunca adoptas una postura, nunca te atacarán porque nadie te encontrará.

Fijación: *indolencia*

La indolencia es básicamente lo mismo que la pereza, pero aquí tiene la connotación de una actividad más que de un estado mental. Es la pereza en acción. En el flujo de la vida de un Nueve, la indolencia se expresa siempre desde el punto de vista de que «otros» (sean quienes sean) tienen más peso, son más importantes, o tienen prioridad sobre el propio Nueve.

Estilo de conversación: *narrativo*

Este es uno de los estilos de conversación más inmediatamente reconocibles. Sea cual fuere la pregunta, es muy difícil obtener una respuesta directa. Preguntas muy directas, del tipo que solo requieren un «sí» o un «no» como respuesta, pueden suscitar historias muy interesantes en las que la palabra «sí» o «no» no se pronuncia nunca.

Una vez le pregunté a mi sobrino Nueve si se había matriculado en la universidad para el próximo semestre. Para mí es una pregunta de «sí o no». Me dijo algo así como: «Iba de camino a la secretaría porque tenía algunas preguntas sobre las asignaturas obligatorias, pero sabía que me pedirían el carnet de conducir, así que fui a buscarlo y no te vas a creer lo que encontré en el cajón: ¡unas fotos que llevaba buscando por lo menos un año! Estoy deseando enseñártelas. Deberías ir a Yosemite. Te encantaría». Y blablablá ¿Una respuesta sobre cursos universitarios? Ahora no.

Cuando esto te parece encantador (como me ocurrió a mí con mi sobrino), es una gran delicia. Cuando no (ciertamente no me lo ha parecido en otros casos), resulta muy irritante. Los que no somos Nueve pensamos: «¿Puedes ir al grano? ¿Sí o no?». E imaginamos que si les indicamos que es posible una respuesta mucho más sencilla le abriremos los ojos a los Nueve. Pues no. Uno de los rasgos más sorprendentes de este tipo tan fluido y siempre transformador es su increíble terquedad. No puedes hacerlos ceder, mucho menos decir «sí» o «no» a las preguntas más simples de la vida.

Integrado: *en el Tres*

Un Nueve que ha recordado y se ha hecho dueño de sus propios intereses adopta las cualidades laboriosas y eficaces del Tres. Cuando no temen tener claros sus intereses y preferencias y se sienten seguros de ser respetados por ellas, su capacidad para ver todos los puntos de vista y las posibilidades inherentes en los mismos se convierte en la base de la realización certera.

Desintegrados: *en el Seis*

Cuando los Nueve se ven obligados a tomar una posición o se encuentran en un conflicto, se hallan en el peor de los casos. Se desinflan y se vuelven tan dubitativos y combativos como cualquier Seis. Saben que tienen que hacer... algo. Responder. Contraatacar. Argumentar. Elaborar una estrategia de salida. Obtener más información. Contratar a un experto. Pero no pueden elegir entre estas opciones y se quedan atrapados en la dilación.

Subtipos

Conservación: *apetito*

Los Nueve conservación se entregan a actividades no esenciales para evitar sus propios intereses, adoptar una postura o reconocer ciertas verdades sobre sus vidas. Ya sea la comida, la televisión, los pasatiempos que consumen mucho tiempo o la acumulación de objetos coleccionables, los Nueve conservación tienen una forma preferida de narcotizarse.

Social: *participación*

Como todos los subtipos sociales, los Nueve sociales se interesan por los grupos, en este caso, desde la barrera. Participan, pero no desde una posición central. Este es el contratipo y, como todos los contratipos, puede no parecer un Nueve a primera vista. Se esconden detrás de la apariencia de tener unos intereses, pero si tratas de averiguar cuál es su trabajo o papel, puede que no sea tan evidente.

Sexual: *unión*

Los Nueve sexuales desean una pareja u otro compañero íntimo que les proporcione una agenda para su vida. Se sumergen en los intereses del otro, a menudo sin problemas. Una vez tuve una amiga que se hizo vegana cuando su pareja. Desarrolló un interés por la fotografía porque su siguiente pareja era fotógrafo. Se convirtió en cristiana renacida cuando su siguiente pareja aceptó a Jesús como salvador. No eran intereses casuales o superficiales. Eran genuinos, profundos y reales. Sin embargo, se evaporaban cuando la relación terminaba.

Arco de transformación: *De la indolencia/pereza a la acción adecuada*

Estoy obsesionada con el programa de televisión *Hoarders* (¡no caigáis en esta trampa!). Es una serie de telerrealidad sobre personas que no pueden dejar de adquirir cosas. No hay quien pueda vivir en sus casas. La suciedad se acumula. Las relaciones –incluso con sus hijos– se pierden, mientras más y más cosas entran en su espacio. Lo que estaba contenido en un dormitorio se desparrama por el salón y luego por los pasillos y el garaje hasta cubrir cada centímetro cuadrado. Cuando por fin dejan entrar a amigos o familiares que hace tiempo que no ven la casa de su ser querido, la mayoría de las veces rompen a llorar. ¿Cómo han podido dejar que esto ocurriera? Y lo más sorprendente, ¿cómo es posible que el acaparador no se dé cuenta? No estoy diciendo que todos los acaparadores sean Nueve, pero el síndrome en sí parece oler a Nueve. El acaparador no percibe ningún problema, ni siquiera cuando le enseñas los ratones que hay en los armarios. Puede que digan: «No soy un acaparador... Soy como una urraca... Soy un coleccionista...». La parte más interesante (típica Nueve) de la situación ocurre cuando el experto enviado para ayudar intenta separar al acaparador del acaparamiento. A pesar de que el acaparador no tiene idea de lo que posee, insiste en examinar cada objeto uno por uno. Uno por uno. «Esto podría ser valioso algún día», dicen, o «Podría necesitarlo», o «Tengo un plan para este objeto». Luego, y no exagero, cuando permite que alguien limpie la casa, el equipo de limpieza puede llegar a deshacerse de veinte o más toneladas de... cosas.

Utilizo este ejemplo para ilustrar la extraña forma de terquedad como agresión que caracteriza a los Nueve. En lugar de ver el cuadro completo, examinan cada detalle. Los detalles son importantes, por supuesto, pero cuando son lanzados como obstáculos se convierten en la antítesis de la acción adecuada.

De este modo, el veneno con el que todos los Nueve tienen que lidiar es la agresión que surge como pereza. ¿Cómo puede ser la pereza una forma de agresión? Si la pereza consistiera simplemente en estar en babia o tumbarse en el sofá sin hacer nada, sería más fácil de entender. Pero aquí la pereza no es dormir la siesta. Se trata de *obstinación*. ¡No puedes hacer que un Nueve haga algo!, y punto. Los Nueve simplemente te desconectan, te apagan, ven a través de ti, te ignoran. En el centro de su agresividad está la evitación del conflicto. El deseo de evitar el conflicto es tan fuerte que crean un laberinto interminable de barreras defensivas que en sí mismo es una expresión de agresión. Todos los tipos viscerales tienen una relación con la ira. Puedes meterte con un Ocho por su mal genio. Puedes hacer lo propio con un Uno por sus incesantes críticas. Pero no puedes enfrentarte a un Nueve ausente por su capacidad de desaparecer ante tus propios ojos. En cuanto lo intentas, se disuelven. Simplemente no pueden ser localizados en el continuo espacio-tiempo. Es todo un acontecimiento, quizá incluso la más agresiva de todas las formas de agresión.

Todo esto viene a decir que el arco de la transformación, aunque difícil para cada tipo, puede ser particularmente complicado para un Nueve. ¿Cómo se puede trabajar con lo que desaparece continuamente y es imposible de asir? ¿Cómo se puede influir en un comportamiento que en realidad es un no-comportamiento? Ya sea mediante exhortaciones, afirmaciones, sistemas probados y demostrados, o gráficos y diagramas perfectamente diseñados, no se puede aplicar voluntariamente la no-pereza como antídoto. Un Nueve caerá cada vez más en el no hacer, ya sea centrándose en detalles no esenciales (un superpoder de los Nueve), fingiendo que el problema en realidad no es un problema o, cuando todo lo demás falle, simplemente desconectando de toda la situación.

No hay mandatos para un cambio profundo, especialmente cuando lo que queremos cambiar está fuera de nuestro alcance. ¿Cómo ves tu punto ciego? A menos que introduzcamos algo más allá de la superación personal o incluso de sofisticadas estrategias psicológicas, lo más probable es que nuestros esfuerzos refuercen las estructuras del ego en lugar de desmontarlas. Hace falta algo bastante atrevido para dar un paso más allá de los puntos de vista, historias y patrones habituales.

Ese «algo» es bastante tierno y poco dramático: consiste en hacer brillar la luz de la conciencia sobre el propio problema sin –y esto es lo más importante– ningún objetivo en absoluto. Cuando la conciencia se separa de la autoagresión, se desarma (es decir, se pretende que consiga algo), su calidez curativa se expande. Me gusta mucho citar al sacerdote y poeta zen John Tarrant Roshi a este respecto: «La atención es la forma más básica de amor. A través de ella bendecimos y somos bendecidos». Estas líneas encierran una multitud de mensajes y te invito a contemplarlas durante el resto de tu vida.

Desde la perspectiva del budismo tibetano, la pereza se considera uno de los principales obstáculos para el progreso espiritual y, como tal, se ha estudiado detenidamente. Siglos de observación han revelado tres formas principales de pereza. Además, se han observado cuatro antídotos principales para contrarrestarlas.

Formas de pereza

1. **REGULAR.** Esta es en la que todos pensamos al hablar de pereza: holgazanear, posponer las cosas, adormecerse cada vez más, tratar siempre de evitar, negar, explicar, retrasar...; cosas que todos hacemos de vez en cuando, pero que, para los Nueve, pueden llegar a impedir que sus vidas tomen una

forma más auténtica. Si la pereza es un obstáculo para la mayoría de nosotros, en los Nueve provoca anafilaxia.

2. **ESTAR DEMASIADO OCUPADO.** Sí, esto se considera una forma de pereza, aunque las personas que están muy ocupadas pueden ser consideradas lo contrario de perezosas. Pero cuando estás demasiado ocupado para prestar atención a lo que importa, algo va mal. Cuando permites que tus verdaderas prioridades (el autoconocimiento, profundizar en la capacidad de amar, la autoexpresión creativa, el cultivo de la verdadera sabiduría, etc.) queden relegadas a un segundo plano y otras prioridades más prosaicas (aunque no por ello menos importantes: correo electrónico, quehaceres, proyectos no esenciales, hacer honor a las obligaciones sociales por el mero hecho de hacerlo) ocupen un lugar prioritario, se considera pereza.
3. **DESANIMARSE.** En lugar de ser indicio de un problema psicológico, aquí el desánimo se considera simplemente una especie de olvido: te has olvidado (quizás por buenas razones momentáneas) de que realmente crees en ti mismo y en tu camino. Has visto pruebas de tu propia bondad y valía, de lo contrario no estarías interesado en resolver tu vida. Desanimarse significa que has dejado de creer en ti mismo a pesar de las enormes pruebas que demuestran lo contrario, no importa cómo se juzgue el asunto (es decir, porque tú lo hayas estropeado) en un momento dado. En lugar de confiar en ti mismo, has cedido la autoridad de ser el juez de tu valía a otras personas, anuncios de televisión, brillantes *feeds* de Instagram, etc. Permitirte olvidar tu poder y belleza únicos es una especie de pereza.

Para los Nueve, es especialmente valioso observar cómo estas formas de pereza aparecen y desaparecen en un día determinado o incluso en una conversación. Una de mis mejores amigas es una Nueve a la que quiero mucho. Cuando le pregunto qué le apetece hacer hoy, desde hace años ha dicho algo como: «Necesito comprarme un coche nuevo». Su coche actual tiene más de 400.000 kilómetros recorridos y está constantemente en reparación. No es rica, pero puede permitirse un coche nuevo o usado. «¿Qué te lo impide?», le he preguntado innumerables veces, y también innumerables veces durante hace al menos diez años he oído en respuesta algo así como: «Solo necesito un poco de tiempo para mirar opciones y decidirme, tengo demasiado que hacer en el trabajo, no quiero tomar una decisión equivocada...». Comprar un coche no es la cuestión aquí. El miedo a comprar un coche es la cuestión. En este ejemplo vemos las formas insidiosas que la parálisis adopta cuando se apodera del Nueve y refuerza una y otra vez un peligroso patrón. No importa cuántas veces me ofrezco a ayudarla en la búsqueda, sugiriendo o animando, ella se solidifica dentro de su postura. Sé que la próxima vez que hablemos, tendremos prácticamente la misma conversación. Y no pasa nada. La quiero de verdad.

Los antídotos contra la pereza son los siguientes:

1. **LA CONFIANZA.** Este es el tipo de confianza que surge de la experiencia: recuerdas que cuando actúas, te sientes bien. Mejor que centrarte en lo que no ha funcionado, podrías recordar (o imaginar) las sensaciones que acompañan a esos momentos cuando has pasado a la acción. Eres plenamen-

te capaz. No es necesario resolver problemas psicológicos primero.

Cualquiera que escriba (cualquier cosa) conoce el funcionamiento de esta forma de confianza. Antes de empezar a trabajar, a la mayoría de nosotros nos asaltan pensamientos como: «¿Quién eres tú para decir nada? No eres una escritora "de verdad". Tú no sabes nada, ¿qué puedes decir que no se haya dicho ya? La gente se reirá», etc., etc. Bueno. Da igual. Pero en el momento en que abres un documento Word o un cuaderno y empiezas a escribir, las palabras comienzan a salir, pero no antes. La acción toma forma iniciando la acción. Escribe y las palabras aparecerán. Piensa en escribir y no lo harán.

Mis queridos Nueve, todo lo que tenéis que hacer para contrarrestar la dejadez y la distracción es esto: *empezar*. Solo hay que dar un paso, y luego el siguiente. Y no te preocupes por el siguiente. Confía en ti mismo.

2. **ASPIRACIÓN.** Cuando te sientas abrumado por la naturaleza incluso de las tareas más sencillas (fregar los platos, enviar tu currículum por correo electrónico, llamar a un amigo), recuerda tu motivación. Te gusta tener la casa limpia. Tienes ambiciones valiosas.

   Te preocupas por los demás. Estas suelen ser mejores fuentes de motivación que «Soy un gilipollas, ¿por qué no puedo hacer nada bien?».

3. **ESFUERZO.** La verdad es que, en algún momento, tienes que obligarte a hacer algo. Aquí no hay trucos budistas.

Cuando todo lo demás falle, levántate, salta un poco, tómate del brazo y simplemente hazlo.

4. **FLEXIBILIDAD.** Practicar meditación unos minutos todos los días es mucho mejor que practicar muchos minutos solo unos pocos días. La rutina es la clave. La continuidad es más importante que la duración. Entonces, en algún momento, tu práctica alcanza el tipo de masa crítica que tiene lavarse los dientes. Es algo que haces y te sientes mal si no lo haces.

El Guerrero de la Presencia

La noche que tuve el accidente, volvía a casa después de la hora de cierre del bar donde trabajaba como camarera. Me detuve ante un semáforo en rojo. Cuando se puso verde, empecé a avanzar, sin ver al conductor borracho que se acercaba a toda velocidad al cruce sin intención de parar. ¡Bum!, chocó contra la puerta del lado del conductor de mi coche... y (de acuerdo con el atestado de la policía, no tengo ningún recuerdo real) salí volando por la puerta del pasajero y me estrellé contra el suelo. Yo tenía múltiples huesos rotos y lesiones internas significativas, incluyendo una fractura de hígado. Nadie esperaba que sobreviviera. (Todo lo que ocurrió después fue increíblemente fortuito, ¡aquí estoy!).

Mi novio Nueve pasó por delante del accidente de camino a casa (salió de la discoteca unos treinta minutos después que yo), pero no vio mi coche porque había sido empujado muy lejos por la carretera. Sin embargo, cuando llegó a casa y vio que no estaba, sintió un escalofrío. Volvió al lugar del accidente, vio mi vehículo y se enteró de que me habían llevado a la unidad de traumatología de un hospital (por suerte) cercano. Corrió hacia allí. A partir de ese momento, no se separó de mí en ningún momento. Sí, iba a trabajar de noche (era guitarrista), pero volvía después de cada concierto para dormir en un pequeño catre a mi lado. Se preocupaba por mi alimentación. Llevaba y traía a mi madre al hotel. Me acompañó durante tres intervenciones quirúrgicas graves, análisis de sangre, inyecciones, intentos insoportables de fisioterapia y los innumerables matices de mal humor, somnolencia, esperanza, giros y vueltas que acompañan a una recuperación de este tipo.

Nunca olvidaré la primera vez que pude ponerme en pie por mí misma. Me levanté con las dos manos y sentí la incomodidad del dolor de una fractura de pelvis, pero ahí estaba, de pie. Él estaba frente a mí, tan protector. Le rodeé con mis brazos y le abracé por primera vez en meses, torso contra torso, y experimenté una oleada de amor y gratitud casi insoportable. Todavía puedo sentir ese abrazo y la igualmente (casi) insoportable gratitud por su capacidad para acompañarme, sentirme, quedarse conmigo, entrar en mi experiencia, incluso cuando le consumía su propio dolor, fatiga y preocupación. No exagero si digo que su capacidad como Nueve de iluminarme principalmente con la luz de su conciencia me curó tanto como los magistrales cuidados médicos que tuve la suerte de recibir. Yo era importante para él. Le importaba, profundamente. Mi presencia y mi experiencia interior –más que la forma en que esa experiencia le impactó a él– eran lo que más le importaba. Nunca antes había experimentado algo así, y me dio la vida.

Finalmente, después de casi tres meses, me dieron el alta para volver a casa, cargada con instrucciones especiales y todo tipo de suministros médicos. En el momento en que me sacaron para esperar el coche, me sentí abrumada por… todo. La luz del sol. Las flores silvestres de Texas en mayo. El cielo azul. La brisa. Los leves ruidos del tráfico. Mis percepciones sensoriales habían estado institucionalizadas durante meses, aclimatadas a los bloques de hormigón, olores medicinales, luz fluorescente, y el rasguño áspero de las sábanas que habían sido lavadas innumerables veces. De repente, el mundo estaba despierto de nuevo con sensaciones caleidoscópicas. Cuando la puerta del coche se cerró detrás de mí, me estremeció lo intenso que era todo. Agarré la mano de mi novio y me sentí con los pies en la tierra.

Llegamos a nuestro apartamento y nos sentamos en nuestro pequeño sofá rosa. Sentaba tan bien sentarse en algo blando. El color rosa del sofá adquirió un brillo de otro mundo hasta que pareció llenar la habitación. Él se sentó a mi lado y le miré. El resplandor lo tiñó, también. De hecho, toda la habitación y todo lo que había en ella parecía ahora formar parte del resplandor. Los vendajes médicos sobre la mesa. El vaso de agua. La maleta de la esquina. La alfombra color trigo. *Todo*. ¿Qué estaba pasando? «Debo de estar alucinando», pensé. Le miré y, sin mediar palabra, vi que él estaba teniendo exactamente la misma experiencia, también absorto en una especie de nube rosa. «¿Estás viendo eso?», le pregunté. «Sí», respondió. Permanecimos sentados un rato, quizás una hora, envueltos en un resplandor único que no se puede describir. Por suerte, seguimos siendo amigos e incluso ahora, décadas después, seguimos hablando de ese momento: «¿Recuerdas cuando estábamos juntos en un resplandor?», me dice él a mí unas veces o yo a él otras, y unas veces yo y otras él asentimos con la cabeza.

A menudo se critica a los Nueve por su incapacidad para centrarse en sus cosas por ocuparse de las de los demás. ¿Sabes qué? Claro. Eso puede ser un verdadero problema y causar una gran desorientación para el propio Nueve y para las personas que forman parte de su vida. Pero en aquel momento trascendental, el don de mi novio Nueve para fusionarse le permitió acceder a uno de los estados internos más profundos que he experimentado, y que no hubiera sabido describirle. Afortunadamente, como era un Nueve, no tuve que hacerlo. No estaba sola. Él estaba allí conmigo. Mi vuelta a la vida era su vuelta a la vida, y viceversa; no había diferencia.

Fue uno de los momentos más íntimos que he vivido nunca y solo pudo ocurrir gracias al don de un Nueve para entrar en la experiencia de otro ser, no como si fuera la suya propia, sino porque en realidad era suya.

Cómo conocer tu tipo

Puede que no sea fácil averiguar tu tipo. No existe ningún test fiable y los tipos no coinciden con las fechas de nacimiento u otros fenómenos circunstanciales. Solo tú puedes determinar tu tipo. Dado que se trata de algo tan personal, es inapropiado que otra persona te tipifique. He aquí algunas sugerencias para empezar a tipificarte a ti mismo:

HAZ TODAS LAS PRUEBAS. Aunque ninguna de ellas es exacta, si realizas varias, es posible que observes que uno o dos números aparecen con más frecuencia que los demás.

INTENTA IDENTIFICAR TU TRÍADA PRINCIPAL. ¿Te guías por la intuición, la emoción o la razón? Por supuesto que utilizas las tres, pero una es la principal. A menudo es más fácil identificar tu tríada por tu reacción al estrés (en lugar de por tus puntos fuertes). Aunque hay excepciones, los tipos intuitivos tienden a la ira, los emocionales al apego y la depresión, y los tipos mentales hacia la paranoia y la ansiedad.

CONSIDERA EL SUBTIPO. ¿Qué impulso instintivo es más fuerte: la conservación (y su enfoque en el espacio personal), el social (enfoque en grupos y pertenencia) o el sexual (centrado en la conexión y la intimidad)?

Digamos que identificas la tríada mental como la más fuerte y tu impulso primario como el social. Entonces, en lugar de leer sobre cada tipo mental (Cinco, Seis, Siete), lee solo sobre el Cinco social, el Seis social y el Siete social. Como mencioné antes, me salté el tipo Cuatro una y otra vez..., hasta que leí sobre el Cuatro conservación. Me quedé *pegada*.

UNA ADVERTENCIA SOBRE LA TIPIFICACIÓN DE LOS DEMÁS. Es tentador querer clasificar a todo el mundo. Eso es una trampa y, lo que es peor, un mal uso del sistema. El eneagrama no es una forma de clasificar a los demás en guetos y pasar por alto su singularidad. La tentación de hacerlo suele estar arraigada en el deseo de controlar o manipular minimizando las diferencias. Decir que es cruel es decir poco. No lo hagas. Si crees haber adivinado el tipo de otra persona, el uso adecuado de esa información es permitir que le abras tu corazón, lo opuesto a intentar controlarlo. Observa cómo funciona su mente. Observa lo que atrae su atención. Siente lo que es importante para ella. Al conectar con esa persona, hazle espacio en tu corazón, tal y como es. Y ten en cuenta que, cuanto más trabajo interior haya hecho una persona, más difícil será identificar su tipo. Existe una palabra tibetana para designar a estas personas. Se dice que son *shinjang* o procesadas a fondo, lo que significa que han examinado su propia mente hasta el punto de que las respuestas ordinarias y reflexivas (que suelen estar arraigadas en el apego, la agresión o el engaño) se han abandonado en cierta medida. Ya están en proceso de transformación, por lo que pueden parecer más su punto integrado que su punto de partida. En otras palabras, puede que clasifique a alguien como un Dos por su extrema generosidad, pero puede ser simplemente un Ocho *shinjang* que se integra en el Dos. En otras palabras, hay que ser muy cautos a la hora de considerar el tipo de los demás. Me resulta mucho más útil pensar: «Siento la energía del Dos», en lugar de: «Es un Dos». En lugar de etiquetar a una persona, deja que tu conciencia de ella sea fluida y flexible. Esto sin duda os servirá a ambos.

OTRA ADVERTENCIA SOBRE LA TIPIFICACIÓN DE LOS DEMÁS. Hace poco impartí un programa de fin de semana sobre el eneagrama centrado en ayudar a los demás a descubrir su tipo. Durante el programa, un participante se me acercó en el descanso para preguntarme si tenía tiempo para hablar con él en privado sobre su tipo. Habría sido injusto para los demás participantes decirle que sí (y aún más agotador para mí, que no trabajo con personas cara a cara porque me resulta extenuante), así que le dije que, por desgracia, no podía. No importaba. En cada nueva pausa, volvía a preguntar, redactando sus peticiones en un lenguaje florido sobre lo increíble que soy, la única persona, de hecho, que podría ayudarle. En su último intento, dijo en un tono muy dulce: «¡Me sentiré engañado si no consigo hablar contigo!». Vaya. Aun así, le dije que no podía ser. Cuando terminó el programa, se me acercó, muy alegre: «¡Ya lo he descubierto! Soy un Nueve». Le felicité mientras pensaba que yo habría dicho «¡Dos, Dos, Dos!». ¡¿Quién sabe?! Menciono esto para que si las personas de tu vida desean determinar su tipo, no es útil decirles lo que crees que son. Descubrir el propio tipo es un viaje para descubrirse a sí mismo. Cada individuo tiene derecho a ese viaje. Además, ¿qué sabemos? Todo el mundo es un misterio total.

El eneagrama como senda

Empecé a practicar budismo con la idea de que arreglaría lo que estuviera mal en mí. Dejaría de ser una persona gruñona, deprimida e insegura y me convertiría en alguien paciente, amoroso y seguro de sí mismo. Apenas podía esperar a que estos resultados se afianzaran.

Sin embargo, tras años y años de práctica espiritual, seguía siendo... yo. Mi «yo» era lo que esperaba derrotar, y sin embargo colgaba de mí constantemente, manoseándome, irritándome con sus problemas y defectos, infinitamente necesitado en todo momento. Era vergonzoso. Me esforzaba cada vez más, pero me obstinaba en seguir siendo yo misma. Seguía meditando con la esperanza de que algún día por fin sería la persona que sabía que podía ser si dejaba de ser yo misma.

Un día, mientras me sentaba a practicar, en lugar de estar serena y alegre ante otra oportunidad de liberarme del estrés y con el «universo» (signifique eso lo que signifique), miré mi cojín de meditación y pensé: «Vete a la mierda. Deja de burlarte de mí con tu funda de colores alegres y tus desgastadas hendiduras en la forma exacta de mi trasero indicando muchas horas de sentadas, que aparentemente no me han llevado a ninguna parte. Me rindo. No voy a meditar más, ni un segundo más. Simplemente voy a sentarme aquí y… y… y… a ser yo misma».

Y así lo hice. Simplemente me senté allí. Sin técnicas, sin «mindfulness» de esto o aquello, ni ambición, ni esperanza. Cuando terminó la práctica, en lugar de regañarme por otra sesión infructuosa (al fin y al cabo, seguía siendo yo misma), experimenté la liberación que se produce al renunciar a cualquier intento de llegar a alguna parte. Recuerdo que pensé: «Esto es lo que realmente debe ser la meditación». No es una técnica para convertirse en alguien digno y adorable; tal vez sea un sendero para demostrar la valía y el amor a través de dejar de lado todos los esfuerzos por alcanzarlos. Al hacerlo, uno descubre que la dignidad y el amor son lo único que queda (no lo creas solo porque yo lo diga. Ni sobre esto ni sobre nada, en realidad. Prométetelo).

Tanto la práctica de la meditación budista como el eneagrama tienen esto en común: florecen y se potencian a través de la luz de la conciencia sin ninguna intención. Cuando se aplica un programa, unas intenciones –«necesito que mi conciencia me muestre cómo cambiar, ser mejor, hacer más, sentir de otra manera»–, lo que se busca se desvanece. Recuerda que, como ya hemos dicho, lo que más anhelamos –sabiduría, amor, autoexpresión creativa, etc.– nos llega con los vientos de la receptividad, en lugar del esfuerzo. Son cualidades que se perciben, se sienten, se descubren en lugar de fabricarse. Aunque tu mente convencional puede ser muy hermosa, brillante, dulce y aguda (¡y estoy segura de que lo es!), también presenta el obstáculo más interesante. Algunos sistemas llaman a este obstáculo «ego». Personalmente, me eriza la piel la forma en que se suele utilizar esta palabra. Demasiado a menudo, también como se ha mencionado antes, la interpretamos como algo así como «Tú no importas» y lo mejor que puedes hacer es ignorarte a ti mismo y... ¿Qué? ¿Con qué tienes que trabajar si no es contigo mismo? Amigos míos, esto no funciona. Creedme, lo he intentado. Tu «yo» es la base de trabajo de todos los descubrimientos que harás. Es decir..., ¿qué otra cosa tienes?

Para trabajar con el yo como base del viaje a la iluminación, hay tres cualidades que son útiles. Se llaman *shila* (conducta ética), *samadhi* (absorción) y *prajña* (sabiduría).

Conducta ética significa aquí volver una y otra vez (y una y otra vez) al momento presente, a ti mismo tal y como eres. Lo que la hace ética es que constantemente intentas hacerte amigo de ti mismo y de tu vida. Entre paréntesis, un amigo asistió a una charla del gran sabio y maestro budista Mingyur Rinpoche. Era el año 2016. Cierta persona, amada por algunos, vilipendiada por otros, acababa de ser elegida presidente de los Estados Unidos. El sentimiento en la sala era de desesperación, repulsión y conmoción. «¿Cómo trabajamos con esos sentimientos?», preguntó un participante. Mingyur Rinpoche dijo, y parafraseo: «¿Qué es lo primero que uno debe hacer siempre que se enfrenta a un problema?». Un estudiante levantó la mano: «¿Hacerte amigo de él?». «¡Sí! –tronó Mingyur Rinpoche–. Exactamente eso». Estoy seguro de que no quería decir cuidarlo o fingir que sientes algo distinto de lo que sientes. Más bien, al igual que budas y *bodhisattvas* han aconsejado a través de los tiempos, imagino que quiso decir «ábrete a ello». Siéntelo. Permítelo. Mira. Inclínate. No hay amistad sin esta apertura, y sin tal conducta ética, *shila*, el viaje, simplemente nunca comienza.

Samadhi se refiere a la absorción. Significa no perderse en patrones habituales sobre quién eres tú, quién soy yo, qué ocurre entre nosotros y en el mundo, y descansar en el llamado momento presente, por intranquilo que sea. Digo «llamado» porque, en el momento en que lo llamas, se ha ido. ¿Puedes permanecer en este viaje sin vehículo, pista o brújula?

Prajña, o sabiduría, se representa a menudo como una espada de doble filo. Corta la ilusión tanto por abajo como por arriba. Parece que el viaje espiritual es un corte tras otro.

Cuando se trata de trabajar con el eneagrama como senda, *shila, samadhi* y *prajña* son igualmente útiles.

Enea-shila puede ser la más dolorosa y difícil de aplicar, pero también la más liberadora. Comienza simplemente viéndote a ti mismo. Verte. A ti mismo. Mírate. Mírate sin mirar a través de las refracciones de las lentes de los demás. ¿Quién esperaba tu madre que fueras? ¿Qué valores se apreciaban en tu comunidad? ¿Qué decía la cultura dominante sobre tu personalidad, tu aspecto, tus deseos, tus revulsiones? No digo que todas esas cosas sean malas. Pueden haber sido maravillosas. Pero hasta que no te mires a ti mismo con tus propios ojos, te causarán dolor. El eneagrama presenta una forma perfectamente ajustada de hacerlo. La pregunta principal en este punto es: ¿realmente quieres ver? Una pregunta razonable, si me preguntas. No digas «sí» porque creas que es la respuesta correcta. O «no». Normalmente, «no lo sé» es la respuesta más fiable.

De niña, me veía a mí misma como una fracasada. Apestaba en la escuela. Es decir, era pésima. Padres, profesores, orientadores, todos se rascaban la cabeza. «No es tonta», era la más elogiosa de las observaciones. Mis fracasos escolares no se debían a que fuera un genio secreto que estaba demasiado aburrido por las exigencias plebeyas de mentes inferiores y que por lo tanto se dispersó en reflexiones personales sobre filosofías presocráticas o la inevitabilidad de las impresoras 3D. No, amigos míos. Me esforcé mucho para hacerlo bien en la escuela. *Hashtag* FRACASO. Suspendí octavo grado. Me costó acabar secundaria. No me gradué en la universidad. Vale. Han pasado muchos años entre esos fracasos y este momento, y de alguna manera me las ingenié para aprender cosas. Con el tiempo me olvidé de aquellos primeros esfuerzos por superar el «No es tonta» a los ojos de los demás, aunque arrastré conmigo la noción de «Soy una fracasada» hasta hace bien poco. Todo llegó a su punto álgido en 2007, cuando hice un curso de instructora de meditación y fracasé. De los cerca de cuarenta participantes que se habían cualificado para la formación sobre la base de más de una década de práctica y estudio de la meditación, graduación de un seminario budista y siete días intensivos de doce horas de formación, yo fui la única que suspendió.

Me quedé hasta el final del programa. Culminó con que los otros estudiantes (no estúpidos) se tomaron con gran solemnidad lo que entonces se llamaba el «voto del instructor de meditación» (no hacer daño, etc.) mientras yo los observaba, sentada al margen e intentaba no llorar. Hasta que me subí al coche para volver a casa y rompí a llorar: «Soy un fracaso. ¿Qué me pasa?». Hacía décadas que no me hacía esa pregunta dentro de un entorno de aprendizaje, pero en ese momento, toda la vergüenza y la frustración de ser una estudiante terrible (y por lo tanto una mala persona y un fracaso) volvieron a mí. ¿Era estúpida? ¿Cómo era posible que los demás tuvieran éxito donde yo fracasaba?

Acabé sometiéndome, por consejo de un terapeuta, a baterías de test de inteligencia. No tengo ni idea de si lo que revelaron es creíble en las comunidades científicas, pero los resultados me ayudaron mucho. En fin, resumiendo, en lo que se refiere a estilos de aprendizaje, soy extremadamente kinestésica, es decir: tengo que hacerlo para entenderlo. ¿Estilo de aprendizaje visual? ¿Estilo de aprendizaje auditivo? No tanto. De hecho, casi nada. De repente, toda mi experiencia escolar tenía sentido y explicaba por qué lo único que se me daba realmente bien era la clase de gimnasia (en serio). Esto me pareció muy liberador. En lugar de mirarme a través de los ojos de las teorías de la educación del pasado y del miedo y la decepción de mis padres, me vi... a mí misma. Estaba bien. Una vez que me quité las otras lentes, vi a alguien que simplemente era quien era. No soy más lista ni más tonta que nadie. Solo soy yo. Ese es el principio de una conducta ética (P.D.: Me asignaron seis meses de formación de recuperación para convertirme en instructora autorizada de meditación, que de alguna manera completé con éxito). La moraleja de esta historia, si es que hay una, es: eres quien eres. Y punto.

¿Y quién es esa persona que eres?

La mejor (¿única?) forma de averiguarlo es examinarte muy de cerca, no para arreglarte o mejorarte, sino para conocerte. Lo que examinas podría llamarse tu «ego». Por supuesto. Todos tenemos uno. Incluye las ideas que tenemos sobre quiénes somos, quiénes deberíamos ser, qué nos gusta, qué no nos gusta, etc. Hay muchos maestros espirituales que dicen que, para experimentar la trascendencia, tienes que destruir tu ego. ¿Y sabes qué? Probablemente tengan razón. Sin embargo, la forma en que la mayoría de nosotros va a navegar más allá del ego es odiándonos a nosotros mismos mientras disminuimos nuestras experiencias más poderosas de deseo, rabia y alegría como «solo es mi ego». De acuerdo. Es cierto. Pero ¿hasta qué punto es útil avergonzarte a ti mismo como un camino hacia la liberación? Como alguien que ha agotado esa metodología, puedo decir con confianza: no es útil en absoluto. ¿Y ahora qué?

Considera que, puesto que tienes un «ego», también tienes el potencial de liberarte de él. En este sentido, ego y ausencia de ego están entrelazados e incluso son inseparables. Porque tenemos lo uno, también tenemos lo otro. Sin embargo, no podemos empezar por el final y precipitarnos de algún modo hacia la ausencia de ego fingiendo que no importamos y luego aceptar su corolario: fingir que los demás no importan. Tenemos que emprender un viaje mucho más matizado –e interesante– que ese. Comienza volviéndose hacia uno mismo. Verte a ti mismo con claridad. Amarte a ti mismo en lugar de intentar apartarte.

El eneagrama describe nueve bloques o matrices del ego perfectamente formados y absolutamente magníficos. Estos bloques son lo que creemos que somos. Por un lado, tenemos razón. Pero también ilustran muy bien todo lo que oscurece lo que realmente somos, más allá de lo que creamos ser. Podemos oscilar entre ver nuestros bloqueos como hermosos (que lo son) o como traicioneros (que lo son). Algunos, al descubrir su tipo, solo ven el bloqueo y se preguntan para qué puede servir este sistema si lo único que hace es señalar lo que está mal en nosotros. Lo que está «mal» es también lo que nos indica el camino para liberarnos de ello.

Mi estado favorito, la melancolía, es un sentimiento de pesadumbre que no es del todo desagradable porque, de algún modo, parece conmovedor y sentido. Cada color del universo se expresa como un tono de gris. Todas las notas son azules; curvas e inesperadas. Los objetos ordinarios se disponen como poesía triste. Una sola lágrima puede rodar por mi mejilla. Y así sucesivamente. Es un estado de ánimo matizado y ñoño a la vez. Cuando estoy en ese estado, me siento exenta del flujo del mundo en todos los sentidos, buenos y tontos. La melancolía es mi chupete. En la tradición budista en la que me formé, este chupete se considera un capullo. Si eres un Uno, tu chupete es el resentimiento. Si eres un Dos, la adulación, y así sucesivamente. Es el estado de ánimo o la acción que adoptamos por defecto cuando estamos enfadados, decepcionados, heridos o, a veces, simplemente aburridos.

Resulta que esto es una gran noticia. Tu fijación/bloqueo es como un pájaro que se posa en tu barco para indicarte que no estás lejos de la orilla. Cuando te das cuenta de que estás apegado, en lugar de «creerlo» (aunque sea completamente cierto), podrías interpretarlo como una trompeta que te llama a casa, a lo que está más allá de tu bloqueo, pero que no sería accesible sin él.

Una vez leí una reseña sobre un libro titulado *El ego es el enemigo*. Podría haberse titulado mejor *Creer que el ego es el enemigo es el enemigo*. Sin faltar al respeto a ese libro, que no he leído, ni al autor, quien, estoy segura, ofreció algo bastante útil, solo digo que amarte a ti mismo, incluyendo tu ego impenetrable y la indestructible naturaleza búdica, tu brillo y tu desorden, es la base de la conducta ética. Extrañamente, el bloqueo es el camino.

Enea-samadhi podría imaginarse como una cámara de vídeo con un objetivo que no graba. Todo está encuadrado, pero nada está impreso. Las imágenes no están editadas ni retocadas por tu imaginación. Simplemente son… hasta que dejan de serlo.

Una vez estaba hablando con un amigo sobre su última relación. Otro fiasco. Mientras me describía la ruptura y quién dijo e hizo qué, me di cuenta de que esa mujer se parecía muchísimo –y quiero decir muchísimo– a todas sus parejas anteriores. En el resumen de mi amigo de su conversación más reciente, su ex actual utilizaba las mismas frases para explicarse que las ex anteriores, tenía problemas de comunicación similares, y un tono de voz exacto al de las novias anteriores cuando se quejaban. «¿Cómo era posible? –me preguntaba–. ¿Ha estado saliendo con la misma persona una y otra vez?». Al menos eso parecía. Bueno, no. Y sí. A cierto nivel, cada novia parecía de hecho ser un humano distinto llamado Michele, Tamara o Camille. Pero visto a través de la lente de las proyecciones de mi amigo, todas se convirtieron en la misma persona.

No cuestiono la honestidad de mi amigo. Yo también hago lo que él hace. Todos lo hacemos. Es como si tuviéramos una lente clavada en la frente y una película entre las orejas, un guion de toda nuestra vida hasta ese momento. Dondequiera que miremos, nuestra película se proyecta y, en lugar de ver lo que hay (o escuchar o percibir de otro modo), volvemos a ver la película. A mi entender, *samadhi* no consiste en sustituir una película mala y rota por otra buena y sana. Se trata de apagar la proyección. Completamente.

Samadhi, en palabras de Chögyam Trungpa Rinpoche, significa que «Eres capaz de trabajar adecuadamente en tu mundo y en tu particular estado de ser. Desarrollas un buen control sobre tu mente, tus acontecimientos mentales y sobre los productos de esos acontecimientos mentales». En otras palabras, ves los trucos que te hace la mente y no los confundes con la realidad.

Entre los muchos y grandes dones del eneagrama, está el de crear espacio para ver a los demás al margen de nuestras proyecciones. Todos tenemos una lista de proyecciones para explicarlo todo y a todos. *Samadhi* comienza con darse cuenta de que nuestras proyecciones provienen de nuestra película interior y no de la realidad. Esto nos ayuda a ser más compasivos y pacientes con nosotros mismos.

Pero el verdadero regalo consiste en aumentar la compasión y la paciencia hacia los demás. Cuando los demás no pueden percibir con precisión mi espléndida y matizada presencia o se preguntan por qué necesito mochilas llenas de tentempiés allá donde voy, no es porque sean unos brutos insensibles que quieren que me muera de hambre (probablemente). Es porque soy una Cuatro conservación. Cuando mi marido insiste en averiguar por qué algo salió mal (cuando yo me centraría en repararlo), puedo verlo como una expresión de sus miedos. Para un Uno, cometer un error es un gran problema porque indica un fallo en la matriz. Mientras tanto, el resto de nosotros, asumimos que los errores ocurren y, aunque algunos puedan ser atroces, el primer paso es reparar, no rastrear. Al saber que, al igual que yo, opera a partir de una lista de proyecciones que probablemente no tengan nada que ver conmigo, puedo respirar tranquila. Le veo por lo que es, no por lo que es en mi mente. No estoy diciendo que esto signifique que he logrado el *samadhi*. Desde luego que no. Pero hay algo en el espacio más allá de las proyecciones que es la puerta de entrada. El eneagrama te introduce en tu cableado y te permite ver cómo están cableados los demás. Las interacciones se vuelven, a la vez, más íntimas y menos personales, mientras que tu capacidad para descansar dentro de cada interacción se profundiza en el reino del *samadhi*...

... lo que nos lleva maravillosamente a *enea-prajña*. Como recordarás, *prajña* (o sabiduría) se representa como una espada de doble filo, que corta al bajar y al subir. Desde el punto de vista budista, esto significa que la espada corta tanto el engaño de la dualidad (de acuerdo, bien), como el engaño de que hay alguien ahí para experimentarla. No puedo explicar esto porque no lo entiendo. Lo siento. Como ser no iluminado, sin embargo, puedo empezar por atravesar la asunción errónea de que soy certera en mis interpretaciones del comportamiento de los demás y que mi mecanismo de interpretación es defectuoso; es decir, que está teñido por las anteojeras del eneatipo. Bajando la espada, te libero de mis proyecciones, y al subirla, atravieso por completo esas proyecciones. Espero que esta amplia exploración del eneagrama... haya sido útil, inspiradora y emocionante. Es un sistema asombrosamente rico, preciso y, quizá sobre todo, lleno de matices. A diferencia de otros sistemas tipológicos, no pretende categorizar, sino liberar, y, al hacerlo, aporta una capacidad cada vez más profunda de amarse a uno mismo, a los demás y a todos los seres.

Al final de una sesión de práctica espiritual, se suele recitar lo que se denomina una «dedicatoria de mérito», en la que se reflexiona sobre lo que has experimentado durante la sesión –lo bueno, lo malo, lo feo, lo aburrido, lo brillante, lo inescrutable–, lo envuelves en tu corazón y lo entregas para que pueda ayudar a todos los seres.

Mi «sesión de práctica» ha sido escribir este libro. Te lo ofrezco con toda mi perspicacia y toda mi confusión. Que te beneficien por igual.

Que todos los seres disfruten de la felicidad
y de las causas de la felicidad.
Que estén libres del sufrimiento
y de las causas del sufrimiento.
Que no se separen
de la gran felicidad más allá del sufrimiento.
Y que permanezcan en ecuanimidad,
libres de pasiones, agresiones y prejuicios.

Epílogo

Quizá debería haberlo mencionado antes: nunca he estudiado el eneagrama, al menos no de manera formal. Más bien, cuando empecé a leer sobre él, descubrí que ya estaba en mi corazón y en mi mente.

Puede que hayas tenido una experiencia así en tu vida de buscador. Vas de un lado a otro, leyendo este texto, escuchando a aquel maestro, tomando una clase en particular hasta que, si tienes suerte, sientes que lo que te están enseñando es algo que ya sabías, pero que, de algún modo, habías olvidado.

Así me sentí yo la primera vez que leí un libro de Chögyam Trungpa Rinpoche. Aunque fue hace casi treinta años, lo recuerdo perfectamente. Estaba leyendo *The Heart of the Buddha*. Cuando empecé el capítulo cinco, «Refugiarse», me invadió una sensación de lo más curiosa. Aunque nunca había oído hablar de Trungpa Rinpoche, y aunque no tenía ni idea de lo que significaba «tomar refugio», y aún no me había dado cuenta de que hinduismo y budismo eran dos cosas diferentes, sentí que estaba leyendo una carta escrita directamente para mí por alguien que me amaba y que, por lo tanto, era capaz de señalar mis defectos de forma muy certera. Todo era muy personal. Cuando tomé aire, pensé en lo que había leído y me di cuenta de que *todo eso ya lo sabía. Pero no sabía que lo sabía.* Qué sensación tan gloriosa. En las décadas transcurridas, me he dado cuenta de que esta sensación –lo sabía, solo que no sabía que lo sabía– es señal de que has tropezado con tu sabiduría personal en las palabras de otro.

Así es como me sentí cuando leí por primera vez sobre el eneagrama. (Gracias, Helen Palmer, por tu innovadora obra, *The Enneagram*). Por fin, algo que explicaba las diferencias que había sentido entre yo misma y los demás, pero que no podía explicar.

Nombrar una diferencia es empoderarse con ella en lugar de quedar atrapado en ella. Cuando sé que a un amigo de los Cinco sociales le atrae diseccionar filosofías para mejorar sus relaciones, puedo ver esta inclinación no como una pérdida de tiempo (que es lo que sería para mí), sino como una expresión de su deseo de amar más profundamente. Me saca de mí misma, que es otra forma de decir que me «capacita». Del mismo modo, cuando oigo a un colega describir un curso que está impartiendo sobre el duelo como «divertido», es menos probable que me deje atrapar por mi pensamiento de que debe estar loco. A ningún Cuatro se le ocurriría describir el duelo –o cualquier otra cosa parecida– como divertido. Para un Cuatro, algo divertido es alegre y le gusta a todo el mundo. Pero a un Siete sí. Para un Siete, los temas difíciles mezclados con compañerismo… y humor son cautivadores. No para mí. Sin embargo, ver que mi propio punto de vista no es el único y que hay una gran utilidad en otros puntos de vista también es una señal de capacitación. La propia compasión es otra forma de decir «capacitación». De hecho, el único poder verdadero proviene de la compasión, que no significa ser amable. Significa estar despierto.

La compasión es inseparable de la sabiduría. La compasión sin sabiduría puede ser ñoña. La sabiduría sin compasión es impersonal. La sabiduría y la compasión inseparables surgen simultáneamente en tres formas o «cuerpos» también conocidos como los tres *kayas*. Aunque esto pueda sonar esotérico, en realidad es bastante ordinario. Incluso sin conocerte estoy segura de que has experimentado cada uno de ellos.

El *dharmakaya* es conocido como el cuerpo último o el cuerpo de verdad, «de él no surge nada, sino todo», como reza un canto budista (del linaje Kagyü). Si pensamos en un gran maestro espiritual como el Buda Shakyamuni o Jesús, se podría decir que la sabiduría que enseñan no es fabricada, sino preexistente en el *dharmakaya*. Cuanto menos se hable del *dharmakaya*, mejor. De hecho, no hay nada que decir. Es el reino inefable en el que no existe división alguna. En el momento en que intentamos describirlo, salimos de él y, por lo tanto, tenemos muy poco que decir que resulte útil. Así que dejémoslo así.

El *nirmanakaya* es el cuerpo de la forma o el cuerpo de la emanación. Aunque la sabiduría de los citados maestros es indiscutible, no es especialmente útil (para la mayoría de nosotros) limitarse a esperar encontrarla. Necesitamos que alguien nos la explique, nos la ilustre, nos ofrezca un punto de contacto. Cuando se encarna, podemos relacionarnos con ella mucho más directamente. El Buda y Jesús son manifestaciones *nirmanakaya* del *dharmakaya*.

En el medio, encontramos mi *kaya* favorito, el *sambhogakaya* o cuerpo de gozo. Este es el reino entre el *dharmakaya* y el *nirmanakaya*. Es donde la sabiduría toma una forma intermedia entre lo informe y lo formado. Lo que transmite la sabiduría inefable no atrapada por la forma relativa vive aquí: comunicación sin palabras, simbología, música, significado, intuición, ambiente y, tal vez, los números.

Hace años, oí decir al vivaz e inflexible sacerdote zen Sokuzan (y parafraseo): «Todos los números son la sabiduría misma». Aunque he reflexionado sobre esta afirmación innumerables veces, sigo sin tener mucha idea de lo que quería decir. No importa. Cuando se trata de las sabidurías más profundas, de poco sirve ponderar lo que algo «significa». Sin embargo, es extraordinariamente útil reflexionar sobre lo que significa para ti. De hecho, podría decirse que ese es todo el viaje en pocas palabras.

¿Dónde descubre uno el significado que trasciende los conceptos convencionales? Todos los conceptos son convencionales, por supuesto. También son necesarios. Así como el Buda histórico o Jesús surgieron en forma humana, quizás su sabiduría fue transmitida, no poseída u originada por ellos. Sin embargo, para que podamos relacionarnos con esa sabiduría, una forma *nirmanakaya* es extremadamente útil. Dicho esto, es un error, en mi humilde opinión, detenerse en la forma *nirmanakaya* (el Buda dijo esto, Jesús dijo eso) y dudar en ir más allá en el significado último. Las palabras no son su significado. Eso está en otra parte.

Ahora podría decir que mi experiencia infantil de ver números a mi alrededor al amanecer fue una visita al *sambhogakaya*. Mientras en el mundo ordinario me esforzaba por aprender las tablas de multiplicar, al amanecer, las relaciones entre los números y los propios números se liberaban en un lenguaje diferente. Aunque todavía no soy capaz de entender nada de esto con mi mente diurna, en mi mente crepuscular todos los números siguen plenamente vivos, más allá de la comprensión convencional. Se vierten en el mar del significado ilimitado, se mezclan y se elevan como una luz cegadora.

Preguntas frecuentes

¿Cómo puede ayudarme el eneagrama?
¿Qué sentido tiene?

El eneagrama es un cuerpo vivo de conocimiento y, como todos los cuerpos vivos, crece, cambia, revierte, se expande, etc. En otras palabras, solo puede definirse por momentos. Esto no es culpa del eneagrama; parece que así es como funcionan todas las tradiciones místicas. Ya se trate de la cábala judía, el hermetismo cristiano, la tradición sufí del islam o el budismo tántrico, la sabiduría percibida es tanto un reflejo de la mente del estudiante como de las propias enseñanzas. De hecho, podría decirse que el estudiante y las enseñanzas no son distintos. Reconocer esto es abrirse a la verdadera transformación y convertirse en un buscador espiritual. Buscar en esos cuerpos de sabiduría respuestas definitivas o un manual de instrucciones para ser humano puede ser interesante, pero también priva a la relación de movimiento y descubrimiento.

Tras más de veinticinco años trabajando con el eneagrama, he llegado a la conclusión de que se trata de un cuerpo vivo. Es tan grande o pequeño como lo es la mente del alumno en un momento dado. Se encuentra y se mezcla con todo lo que le interesa. Siempre es muy personal. Esto explica, quizás, por qué los estudiantes del eneagrama pueden centrarse en cualquier cosa, desde lo mundano (qué pediría cada tipo en una cafetería) hasta lo sagrado (nueve sendas definitivas para liberarse del sufrimiento). Todo depende de lo que busques. Sea lo que sea, lo encontrarás.

¿Soy de un solo tipo para siempre?
¿No es todo el mundo una amalgama de todos los tipos?

Una de las preguntas más frecuentes sobre el eneagrama es: «¿Cambia el tipo?», y la respuesta, amigos míos, es no. Aunque esto pueda ser motivo de decepción para algunos, es en realidad una noticia fantástica. Tenemos algo estable y real con lo que trabajar: nuestro tipo. Cuando descubrimos que el tipo no es un problema que hay que solucionar, sino una fuente inagotable de información sobre cómo dejar de sufrir, podríamos enamorarnos de nosotros mismos. Realmente podríamos. El quirófano, por así decirlo, está bajo control y, por lo tanto, podemos dedicar toda nuestra atención, volviéndonos cada vez más sensibles a los cambios de la atmósfera exterior e interior. Como un artista que dibuja la misma imagen una y otra vez (véase *How to Draw a Bunny*, sobre la vida del artista Ray Johnson), en cada ocasión encontramos algo fresco y nuevo porque cada vez es exactamente igual que la primera. Porque es la primera vez. No hay otra posibilidad. No tenemos que perder el tiempo buscando nueva inspiración o pensando por dónde empezar. El comienzo siempre está aquí, ahora.

La liberación, me han enseñado, no viene de eliminar ni de rechazar todas las etiquetas y condicionamientos. De hecho, eso se llama caos. Aunque podamos confundirlos, liberación y caos son diferentes. La liberación requiere un contenedor, un marco en el que trabajar.

Como dijo en una ocasión Claudio Naranjo sobre la música: «Solo la repetición invita a la innovación espontánea», y lo mismo ocurre con cualquier práctica. Así como los músicos no pueden empezar con una nota de improvisación (hay que fijar una línea de base a través de la melodía, la progresión de acordes o un vocabulario musical compartido), solo podemos innovar en lo que somos nosotros mismos. Así que, a cualquiera que se sienta atrapado en el eneatipo, le digo, claro, puede que sea una trampa. Pero también es tu bastidor, tu melodía, tu conejito. Que esclavice o libere depende de la forma en que tengas tu mente.

Aunque el tipo (o la esencia) es inmutable, puede aromatizarse de muchas formas diferentes. Te mueves alrededor del círculo, integrándote en este punto, desintegrándote en aquel, moviéndote entre las «alas». Así que es como: «Si nací en Filadelfia, ¿puedo nacer en otro lugar?». No, no puedes. Sin embargo, puedes mudarte a donde quieras, aunque llevarás algo de Filadelfia contigo allá donde vayas.

¿De dónde viene el tipo, de la naturaleza o de la educación?

Hay teorías sobre esto, pero hasta donde yo he podido averiguar, nadie lo sabe realmente. La forma en que yo lo veo es como una esencia inmutable que viene al mundo contigo. Al igual que las madres de varios hijos afirman que cada bebé se siente diferente en el útero, hay algo acerca del tipo del eneagrama que es, que está… ahí. Es la mejor respuesta que tengo sobre esta pregunta.

¿Son ciertos tipos más compatibles entre sí?

Dos tipos cualesquiera pueden encontrar conexión, y también si son dos personas del mismo tipo. No hay tipos más o menos compatibles porque la compatibilidad no surge de una fórmula.

Creo que es justo decir que la compatibilidad tiene sus raíces en algo que no es una lista de atributos. Es decir, puedes catalogar todas las cualidades que buscas en otra persona, conocer a alguien que las posea todas, y sentirte…, bueno…, ¿decepcionado? Podrías conocer a otra persona que tiene pocas de esas cualidades y de alguna manera sentirte tremendamente atraído por ella. ¿Por qué? Nadie lo sabe. No se puede deconstruir, aunque la humanidad ciertamente lo ha intentado a lo largo de los siglos. Todo lo que puedo decir es que las probabilidades de compatibilidad aumentan cuando te conoces a ti mismo y estás dispuesto a conocer a otro sinceramente. En este sentido, el eneagrama es un apoyo fantástico de cara a la intimidad, por muy similares o divergentes que sean los tipos o subtipos de personalidad.

¿De dónde procede?

Consulta el capítulo «¿Cuál es el origen del eneagrama?».

¿Está el sistema respaldado por la ciencia?

No lo creo, aunque cada vez se hacen más estudios sobre la veracidad y eficacia del sistema. Mientras tanto, puedes seguir disfrutando de lo que te suene.

¿Los lugares tienen eneatipos?

Algunos profesores de eneagrama dicen que sí. Por ejemplo, se dice que Francia es un país Cuatro (aunque mi amiga Crystal dice: «De ninguna manera, Francia es un Uno»). Se cree que España es un Ocho y la India un Nueve. ¿Quién sabe? Lo que puedo decir es que nunca es tan sencillo. Por ejemplo, yo vivo en Austin, Texas. Hay mucha energía Nueve en Austin. Sin embargo, Texas está plagada de Ochoidad. ¿Dónde termina el Nueve y comienza el Ocho? ¿Al norte de Anderson Lane? ¿Al sur de William Cannon Drive? ¿Pflugerville? Incluso sin conocer la geografía de Austin, estoy segura de que entiendes lo que quiero decir. E incluso dentro de Austin, podría decir que el sur es el pico Nueve, el este es más Cuatro, y el centro tiene mucho de Siete.

Al igual que con cualquier sistema de sabiduría verdadera, nada es permanente. Los sabores cambian según el entorno.

¿Cuál es la mejor prueba?

Honestamente, y con disculpas a los que han tenido gran cuidado en desarrollar instrumentos de prueba: no hay ninguna prueba buena. Es decir, que no hay un único test que sea siempre preciso.

Para empezar, cada test se crea a través de la lente de quien lo hace. En segundo lugar, no hay manera de hacer preguntas de opción múltiple lo suficientemente matizadas como para producir información útil. Por ejemplo, lee la siguiente afirmación y di si es verdadera o falsa: «Me gusta sentirme importante para los demás y sentir que me necesitan».

¿En serio? A mí me gusta sentirme importante para *algunos*, pero no para todos. Si mi pareja necesita que le escuche o le ayude de alguna manera, ahí estoy. Si necesita que renuncie a mi trabajo o me mude a algún lugar…, prefiero no hacerlo. Entonces, ¿cómo respondería esa pregunta? No lo sé. Es totalmente situacional.

¿Y a esta otra?

«Elige una opción: Suelo ser…

- centrado e intenso
- espontáneo y amante de la diversión».

Me centro espontáneamente en lo que es intenso y, para mí, eso es divertido. ¿Cómo debería responder entonces a esta pregunta?

¿Y a esta otra?

«Estoy preparado para cualquier desastre: sí, no, más o menos».

¿Quién puede prepararse para una catástrofe? Nadie, así que esa pregunta es un poco loca.

«Me esfuerzo por alcanzar la perfección: sí o no».

Si realmente eres un perfeccionista, probablemente responderías «no» porque decir «sí» es darte un crédito que la mayoría de los llamados perfeccionistas nunca reclamarían para sí.

Mucho depende del lenguaje y de cómo definimos ciertos estados del ser. Por ejemplo, cuando empecé a explorar el eneagrama (y durante varios años después), nunca me habría colocado a mí misma en la tríada emocional. Resulta que lo que yo llamaba «intuir», el eneagrama lo llama «sentir».

Las pruebas simplemente te animan a materializar la narrativa interior que ya has elaborado. La verdad de tu eneatipo es a menudo más... detectar tus puntos ciegos particulares, algo que, por supuesto, no puedes hacer porque aún no sabes que existen. Cuando alguien saque un test que dirija las preguntas a lo que no puedo ver de mí misma, lo probaré seguro.

Mientras tanto, haz todas las pruebas gratuitas y quizá veas que tienden a aparecer dos o tres números, sea cual sea la prueba. Son buenos datos, pero no son más que eso: datos. Utilízalos para continuar tu exploración, pero no para llegar a una conclusión.

Podría seguir y seguir, pero por suerte para ti, no lo haré (y ahora ya sabes por qué suspendí todos los exámenes tipo test que hice en la escuela).

He leído sobre los niveles saludables, poco saludables y nada saludables de cada tipo. ¿Cuál es la mejor manera de utilizar esta información?

Creo que los maestros del eneagrama Don Riso y Russ Hudson fueron quienes crearon los niveles. ¡Gracias, Don y Russ! Estoy segura de que fueron bastante diligentes y responsables en cómo lo hicieron. Sin embargo, como todos los demás detalles del sistema, los niveles no son exactamente sólidos. Es decir, claro que pueden serlo, pero ¿durante cuánto tiempo? ¿Un minuto? ¿Una década? Yo misma probablemente atravieso todos los niveles del Cuatro en un día cualquiera, incluso momento a momento. Puede que me levante poco saludable y me vaya a dormir normal… o que me despierte normal y me acueste sana…, tú ya me entiendes.

Si vibras con los niveles, por favor, tenlos en cuenta. Considéralos como poesía, no como un hecho. Y mira lo que puedes hacer para evitar etiquetarte o clasificarte a ti mismo o a cualquier otra persona. Sinceramente, lo que eres es mucho más grande e interesante que sano, mediocre, etc. No dejes que nadie te diga quién eres. Incluida yo, por supuesto.

¿Cuáles son los nombres correctos para cada tipo?

A mí me gusta Uno, Dos, Tres, etc. Los nombres pueden ser limitadores y a menudo engañosos. Cuando llegues a conocer el sistema, podrás inventarte algunos nombres. Sería estupendo. Me encantaría saber lo que se te ocurra.

Llevo un par de años leyendo y estudiando sobre el eneagrama. Creo que soy una Dos, pero no estoy segura. ¿Lo sabré algún día?

Sí. Continúa contemplando el sistema hasta que algo dentro de ti diga: «Eso es». Y fíjate especialmente en los subtipos. Es a menudo donde todo se aclara.

APÉNDICE A: Cómo encontré mi tipo

> Entre tú y cualquier cosa sobre la que desees influir existe una relación. Si alguna de las partes de una relación cambia, la propia relación cambia. A su vez, cualquier cambio en la relación cambia a *ambas* partes. Así que, si deseas cambiar algo, lo primero que debes hacer es descubrir la verdadera naturaleza de tu relación con ello. Entonces podrás ver cómo cambiarlo cambiándote a ti mismo. Esta es la lógica básica de la alquimia.
>
> CATHERINE MACCOUN, *On Becoming an Alchemist*

Hace muchos años, experimenté un gran cambio en mi vida mientras escuchaba una canción de Bruce Springsteen (sé que no soy la única persona en la tierra que podría decir esto).

Tenía poco más de veinte años, estaba completamente perdida y no sabía qué hacer con mi vida. Sí sabía que quería que fuera especial, significativa, importante. El placer y la facilidad no me importaban. Las reglas eran estúpidas, la sabiduría convencional aún más. Nada de eso me era aplicable.

No tenía ningún modelo. ¿Quién podría entenderme? Todo el mundo que conocía quería una vida segura, algo predecible y cerrado. Yo no. Quería que mis experiencias ardieran. El dolor era una señal de que estaba viva. No fue hasta que descubrí el eneagrama que me di cuenta de cómo mis anhelos expresaban puramente la energía del Cuatro, la del Cuatro conservación concretamente.

Este punto de vista puede sonar romántico (y/o tonto), y lo era. Aunque no me esforzaba por crear poesía ni obras poéticas de ningún tipo, los anhelos poéticos llenaban mi alma. Anhelar lo que podría ser era mi principal ocupación.

Para llenar el tiempo entre el anhelo y la decepción, elegí la conservación. Tomé lo que otros llamarían «riesgos», aunque para mí, no eran riesgos; eran intentos desesperados de conseguir lo que creía que necesitaba. Era miedo disfrazado de intrepidez.

Como tenía que encontrar una forma de ganar dinero, hice lo que cualquiera haría en esta situación: decidí ponerme a conducir un taxi. En pre-GPS Boston. En el hogar de los peores conductores de Estados Unidos. Donde yo realmente no conocía el camino ni me orientaba. Pequeños problemas para un trabajo donde yo podría establecer mi propio horario, pasar la mayor parte de mi tiempo a solas, y no tener que dar una pequeña charla porque todo el mundo sabe que los taxistas de Boston son unos gruñones (es un hecho comprobado).

Si alguna vez has conducido un taxi, sabes que es una profesión nada relajada: pasajeros extraños, atascos de tráfico, la amenaza siempre presente de peligro, ya sea de otros conductores o la posibilidad de recoger a un asesino en serie. Esa era mi vida, un extraño tiovivo de delincuencia, miedo e imprudencia calculada.

Una noche de agosto estaba sentada en mi taxi a la salida de un bar esperando a ver si alguien salía a la hora de cerrar, demasiado borracho para conducir y necesitaba un taxi. Mi taxi no tenía aire acondicionado (los repartidores siempre me daban los peores taxis por misoginia). Me senté detrás del volante, con las ventanillas abiertas, los pies en el salpicadero, fumando un cigarrillo, con la radio encendida. Fue entonces cuando escuché «Dancing in the Dark» de Springsteen. Y mi mente simplemente se detuvo cuando escuché «*There's somethin' happenin' somewhere / Baby, I just know that there is*». Por alguna razón, cuando escuché esas palabras, mi vida hasta ese momento se disolvió y tuve un atisbo de la vida que podría ser.

Me abrumaba la idea de que mi vida estaba ahí fuera en alguna parte. Pero no aquí. Nunca aquí. ¿Y si nunca la encuentro? ¿Y si moría sin llegar a saber nunca lo que era? Casi salté del taxi para correr gritando hacia la noche, con la voluntad de dejar que mi pequeño mundo se desmoronase como única opción. Todo lo que sabía era que tenía que abandonar todo lo que había sido mi vida, preferiblemente de inmediato. Unos días más tarde, me metí en un coche prestado (gracias, hermana) con un par de cientos dólares y unas cuantas bolsas con pertenencias. Destino desconocido. Iba a encontrar «algún sitio». De algún modo.

Conduje, pensando que cuando me quedara sin dinero, simplemente conseguiría un trabajo. Haciendo lo que fuera. Me imaginé que el mundo siempre podría utilizar otra camarera o taxista, y yo tenía un montón de experiencia en ambas profesiones. Conduje hacia el sur a través de las Carolinas, no puedo recordar por qué. Terminé en Key West y estuve allí una semana más o menos, dedicada a pasar el rato en la playa y a evitar que me robaran mis cosas en el albergue juvenil. Luego conduje a través de la fantasmagoría conocida como Nueva Orleans, y de alguna manera terminé en un club nocturno con una banda enorme con una sección de viento de doce personas y un hábil cantante que era todo poder y ninguna pretensión. Estaba completamente enamorada.

Al cabo de unos días, como les ocurre a muchos de los que caen bajo el hechizo de Nueva Orleans, apareció una encrucijada: ¿Quedarme o seguir? ¿Encontrarme a mí misma perdiéndome? ¿O tal vez estaba bebiendo y trasnochando demasiado? El destino dictó que continuara el viaje y me encontré de nuevo en el coche de mi hermana, rumbo a Austin, Texas. ¿Por qué? Porque me encantaba la música y el ambiente del guitarrista Stevie Ray Vaughan. Compañeros taxistas amantes, como yo, de la música me habían dicho que la escena musical de Austin era algo… que sucedía en algún sitio. ¿Era ese mi lugar? Aunque diferente de la música de Luisiana, el blues de Texas era igual de singular. Me destrozó con su exquisitez salvaje y sin pretensiones (salvaje y sin pretensiones…, mi combinación favorita, y estoy segura de que no soy la única Cuatro que siente esto).

Poco después, me interesé por el eneagrama. Leí *The Enneagram*, de Helen Palmer, y me fascinaron las ideas que contenía. Empecé a ver el mundo entero como una expresión de las energías del eneagrama y me propuse descubrir mi tipo. Muchos números sonaban plausibles. Cuando supe que el Cinco, el Seis y el Siete eran la «tríada del miedo», tuve la certeza de que ese era el lugar donde debía empezar a buscar. Yo era una persona muy miedosa. Al crecer, padecí todos los terrores. Tenía miedo de dormir. Tenía miedo de despertarme. Tenía miedo de ir a la escuela. Tenía miedo de hablar. Tuve insomnio desde los siete años. Pasaba la mayor parte del tiempo sola, leyendo, escribiendo, imaginando cosas y ocultando lo que realmente me interesaba porque a nadie parecía importarle. Mi primera elección, entonces, fue Seis. Debo de ser una Seis: nunca segura, siempre volviendo atrás, dudando de todo y de todos, en busca de algo fiable. Luego me quedé con el Cinco por mi inclinación a leer, pensar y observar. Disfrutaba estudiando a los que me rodeaban y tratando de averiguar qué les movía.

Pero, de joven, el miedo no era la característica que me definía. Estaba enfadada. Enfadada porque nadie me entendía. Enfadada porque la escuela era estúpida, así que la dejé (sin ningún plan de contingencia). Enfadada porque no encontraba mi lugar en el mundo. Enfadada porque seguía sintiéndome como una extraterrestre. Mi gracia salvadora fue que detrás de toda la rabia había una fría determinación. Nadie va a impedirme... lo que sea. No tenía ni idea de qué se suponía que debía hacer con mi vida; solo sabía que iba a hacerlo (una vez que descubriese lo *que* era). Rastreé a esta fría y decidida Susan hasta un momento decisivo cuando tenía unos trece años. Estaba sola en mi habitación, enfadada con todo y escribiendo en mi diario sobre lo sola e incomprendida que me sentía: «Nadie me conoce. Nadie se interesa por lo que me parece guay. Nadie ve las cosas como yo. Por lo tanto, ¡que se jodan!». Hice un voto (por escrito, todavía tengo el diario): nunca, nunca, nunca me abandonaría a lo que otros pensaban que debía ser. Por grandes que fueran las presiones, seguiría siendo fiel a mí misma. «Nunca te abandonaré», escribí. A partir de ese momento, me moví por el mundo como una placadora ofensiva en un campo de fútbol, bloqueando todo lo que pudiera interponerse en mi camino. Estaba decidida a hacer lo que creía que debía hacer. Las ideas de los demás no importaban. Cuando tenía catorce años, abandoné el judaísmo y abracé el cristianismo, y se lo dije a mi familia (me fue bien: me enviaron a hacer secundaria en Israel durante tres meses. Volví tres años después. Esta separación resultó ser lo mejor para todos). Después de secundaria, a mediados de la década de los 1980, me mudé a Boston porque vi una película que lo hacía parecer guay. No tenía amigos, ni trabajo, ni un lugar donde vivir. De alguna manera, me las arreglé. Me uní al grupo de vigilancia del barrio, los Ángeles Guardianes, para patrullar las calles y el metro por la noche, lo que significaba que era una malota, no aceptaba mierdas, estaba lista para pelear, en cualquier pelea. Mi trabajo diurno de taxista encajaba con mi actitud de «no me jodas». Así que cuando leí sobre el Ocho, pensé: «Sí. Soy una Ocho. Soy tan agresiva y decidida... No soy particularmente intelectual, así que tal vez no soy una Cinco ni una Seis. Estas cosas que me impulsan y me mantienen en marcha deben ser lo que se llama instintos». De los tipos instintivos, el Ocho fue el único que resonó en mí.

Cuando leí sobre la tríada emocional (Dos, Tres y Cuatro), la mayoría de las veces me limité a hojear. Sin duda, yo no era del tipo corazón. Yo era una chica dura, una chica de la calle, lista para liarla. Lo del «tipo corazón» sonaba tan femenino...

¿Dos, la complaciente con la gente? No lo creo. ¿Tres, la que busca estatus y éxito? Obviamente no. Cuatro, ¿la romántica trágica? Ciertamente no. Yo no era una tonta. Yo no funcionaba en la emoción, si hacerlo significaba ser necesitada y llorica. Yo estaba en las calles, pateando traseros. ¿Drama romántico? ¡No, gracias!

Continué en mi viaje por el eneagrama, leyendo todo lo que caía en mis manos, que en ese entonces significaba dos libros de Helen Palmer (*The Enneagram* y *The Enneagram in Love and Work*). Los leí y releí y, a medida que lo hacía, ocurrieron dos cosas muy interesantes.

En primer lugar, empecé a verlo todo a través del prisma del eneagrama. Cuando mi madre insistía en que actuara de determinada manera, pensaba: «Eso es muy de Uno». Cuando mi novio de ese momento tenía un montón de problemas para decidirse sobre cualquier cosa, mi cerebro parpadeaba: «Nueve, nueve, nueve». Incluso llegué al punto de que cada vez que veía una película, me pasaba la mayor parte del tiempo intentando averiguar el eneatipo de cada personaje. *Amadeus* presentaba un Siete (Mozart) y un Tres (Salieri). La madre y el padre de *Gente corriente* eran un Uno y un Nueve, respectivamente. Nicolas Cage en *Hechizo de luna* era un Cuatro. Todo en *Acusados* decía: «Seis». Thelma era una Nueve y Louise una Ocho (todo ello en mi opinión, desde luego). De repente, el mundo hablaba un idioma. No se trataba de un conjunto aleatorio de individuos, sino de una red de estilos energéticos que podían nombrarse y entenderse.

En segundo lugar, me di cuenta de que, aunque solo había leído (y releído) unos cuantos libros sobre el eneagrama, *lo conocía*. Era como si ya estuviera dentro de mí completamente formado, pero hasta que esos libros no descorrieron el velo, no lo hubiera sabido.

A lo largo de todo el proceso, me fui haciendo a la idea de que era un Seis o, más probablemente, un Ocho. Analicé a fondo mi experiencia en busca de pruebas definitivas de una de las dos cosas, pero casi todo lo que me ocurrió podría haber sido una prueba de una u otra cosa. Incluso empecé a leer sobre los subtipos de Seis y Ocho.

Luego leí sobre todos los subtipos, deteniéndome en el Cinco social («Tótem») y su necesidad de comprender el mundo que le rodea..., hasta que tropecé con el Cuatro conservación, «Temerario/intrépido». Tras leer solo unas frases, me quedé boquiabierta. Me describía a la perfección.

Cuando el instinto de conservación es más fuerte, la atención se centra en lo que puede garantizar la supervivencia: comida, calor, refugio, etc. Siempre está presente la sensación de que la propia vida puede estar amenazada y, por eso, como los animales salvajes que siempre están alerta por si aparece un depredador y solo pueden relajarse en circunstancias muy específicas, los subtipos de conservación están en sintonía con el peligro, en primer lugar, y con todo lo demás, en segundo lugar. A los Cuatro les consume el anhelo de lo que está fuera de su alcance. Cuando la expectativa de amenaza se combina con la desesperación de conseguir alguna vez lo que uno realmente quiere, se acaba teniendo una especie de piloto kamikaze, una persona que se lanzará hacia el peligro como única medida de protección concebible. Si alguna vez has pensado lo peor porque crees que así te protegerás de ello, puedes entender el sabor de esta energía: «Nunca tendré la vida que anhelo, una de profundidad, belleza, amor y significado, así que mejor me arrojo al fuego. En realidad, es la única manera».

Esa soy yo. El miedo que sentía de niña no era la ansiedad del Seis; era la sensibilidad insatisfecha del Cuatro. La sintonía con el significado subyacente en el discurso de los demás no era la capacidad de observación clínica del Cinco, sino la sintonía emocional del Cuatro. El desenfreno con el que abandoné una religión por otra, dejé mi hogar durante tres años en la adolescencia, me mudé a una ciudad donde no conocía a nadie, patrullaba las calles en busca de peligros y discutía con cualquiera que se interpusiera en mi camino no era la ferocidad de una Ocho…, era la angustia de una Cuatro.

El tipo se mide a través de la receptividad, no comparando a la persona frente a ti con una lista de control dentro de tu cabeza. Claudio Naranjo describió su método para detectar el tipo como «ver a través del juego del otro». Cada uno tenemos nuestros juegos. Cuando veo el tuyo a través de la lente del mío, todo lo que veo es una extensión de mí misma. Te he perdido por completo.

La detección del tipo es un ejercicio muy profundo. Detectar el tipo es abrirte a quien tienes delante, permitir que la lente de tu propio tipo retroceda y dejar espacio en tu conciencia para esta otra forma de ser. La gran escritora y maga Catherine MacCoun llama a esto «escuchar»: «Escuchar –dice– es cuando dejas de pensar en tus pensamientos y empiezas a pensar los míos».

Se trata de algo muy evocador. Nos movemos por el mundo blindados por nuestras ideas, teorías y conclusiones, y aunque nos hacen sentir que entendemos lo que ocurre y que, por tanto, estamos preparados para gestionar lo que surja, impiden la escucha real. En la conversación, la mayoría de nosotros seguimos dialogando con nosotros mismos. Escucho lo que dices, no por lo que quieres decir, sino por lo que resuena en mí. Lo que mi servidor interno transmite es lo que atrae mi atención, no lo que tú dices. Esto es muy triste, pero también completamente comprensible. Nadie nos enseñó a escuchar de verdad. Si quieres entender los tipos de los demás de una manera que profundice vuestra conexión en lugar de disminuirla, podrías experimentar dejando que las palabras y la presencia de las otras personas te alcancen sin que tú añadas nada. Entonces podrás conocer tu tipo.

APÉNDICE B:
La teoría direccional horneviana

Karen Horney (pronunciado «horn-eye», por si te lo preguntabas) fue una psicoanalista alemana de la primera mitad del siglo pasado. Una de sus enseñanzas más conocidas fue la denominada teoría direccional horneviana, que postula tres respuestas neuróticas ante las dificultades de la vida. Cada uno de nosotros da las tres, pero, como ocurre con los centros de inteligencia y los subtipos, se prefiere una como primera línea de defensa. La teoría del apego y otras hipótesis de la conducta humana le deben mucho a la doctora Horney.

La primera respuesta es *moverse hacia*. Ante el miedo, ira o frustración, hay personas que se mueven hacia la fuente de dolor percibida. Pueden intentar hacerse amigos de un matón, ser más complacientes con las autoridades o hacer lo que sea para que todo el mundo se calme.

La segunda respuesta es *moverse en contra*. Ante las mismas fuentes de dolor, esta banda reacciona de forma muy diferente. Intentan eliminar la fuente de dolor, derrotarla, dominarla.

La tercera respuesta es *alejarse*, y este es el grupo que, cuando se enfrenta a una dificultad, empieza a pensar en otra cosa. Se retiran, siguen adelante, suprimen, se desapegan.

Una vez leí un fascinante artículo de blog de un autor no identificado (debía de ser un Cinco) que relacionaba la teoría direccional horneviana y los eneatipos. Postulaba que Dos, Seis y Siete se mueven hacia; Uno, Tres y Ocho se mueven en contra; y Cuatro, Cinco y Nueve se alejan. Puedo verlo, aunque, como con todas las cosas del eneagrama, creo que es más complejo –y maravillosamente matemático– que eso.

Por ejemplo, dentro de cada grupo de tres, hay un gesto secundario:

- Los Dos se mueven hacia para moverse en contra. Los Seis se mueven hacia para moverse hacia, y los Siete se mueven hacia para alejarse.
- Los Cuatro se alejan para alejarse. Los Cinco se alejan para oponerse. Los Nueve se alejan para acercarse.
- Los Uno se mueven en contra para acercarse. Los Tres se mueven en contra para alejarse. Los Ocho se mueven en contra para moverse en contra.

Pero espera. La diversión no acaba aquí. Dentro de cada tríada instintiva, postulo, el gesto secundario también está presente. Por ejemplo:

- Los Uno conservación se mueven en contra para alejarse. Los sociales se mueven en contra para moverse en contra. Los sexuales se mueven en contra para acercarse.

- Los Dos conservación se mueven hacia para moverse en contra. Los Dos sociales se mueven hacia para moverse hacia. Los Dos sexuales se mueven hacia para alejarse.
- Los Tres conservación se mueven en contra para alejarse. Los Tres sociales se mueven en contra para acercarse. Los Tres sexuales se mueven contra para moverse en contra.
- Los Cuatro conservación se alejan para desplazarse. Los Cuatro sociales se alejan para acercarse. Los Cuatro sexuales se alejan para moverse en contra.
- Los Cinco conservación se alejan para oponerse. Los Cinco sociales se alejan para acercarse. Los Cinco sexuales se alejan para alejarse.
- Los Seis conservación se mueven hacia para alejarse. Los Seis sociales se acercan para acercarse. Los Seis sexuales se mueven hacia para moverse en contra.
- Los Siete conservación se mueven hacia para moverse en contra. Los Siete sociales se mueven hacia para moverse hacia. Los Siete sexuales se mueven hacia para alejarse.
- Los Ocho conservación se mueven en contra para alejarse. Los Ocho sociales se mueven en contra para moverse en contra. Los Ocho sexuales se mueven en contra para acercarse.
- Los Nueve conservación se alejan para desplazarse en contra. Los Nueve sociales se alejan para acercarse. Los Nueve sexuales se alejan para alejarse.

El prisma del eneagrama se refracta continuamente en más y más belleza y complejidad.

APÉNDICE C: Los *bodhisattvas* del eneagrama

En el pensamiento budista, la mente despierta tiene tres cualidades. Es poderosa (o fuerte), compasiva (o abierta) y sabia (o clara). Cada una de estas cualidades despiertas se asocia con una deidad o *bodhisattva* (ser despierto). Espera, estarás pensando: «¿Cómo puede el budismo, una tradición no teísta, poseer deidades?». ¡Una cuestión importante, sí! Sin embargo, aquí las deidades se consideran encarnaciones de cualidades que son nuestro derecho de nacimiento. Se representan en forma humana para que podamos relacionarnos con ellas más fácilmente, pero sería un error pensar en ellas como dioses o diosas que existen independientemente de nosotros y que algún día podrían sonreírnos (o fruncir el ceño). Más bien, cuando miramos a una divinidad en el budismo tibetano, se dice que nos miramos en un espejo. Por fin nos vemos a nosotros mismos con claridad.

En mis propios estudios del eneagrama, ha sido una delicia imaginar la interacción entre las tres cualidades de la mente despierta y los tres centros de inteligencia del eneagrama: instintivo, emocional y mental. Así como todos somos capaces de poder, compasión y sabiduría, también poseemos las inteligencias del intestino, el corazón y la mente. Normalmente, estas inteligencias se consideran por su valor psicológico o transaccional: «Si consigo curar mis viejas heridas, tendré mayor acceso a mis dones intuitivos, emocionales o racionales (psicológicos). Cuando lo haga, alcanzaré más progreso, amor o conocimiento (transaccional)». Excelente. Todo eso es verdad. Podemos ensamblar entonces una tercera posibilidad: la transformación profunda, el tipo que transpira en el reino de la magia, justo más allá de nuestras ideas convencionales. Como he tratado de decir a lo largo de este trabajo, la transformación no se produce trabajando más, sino dejando que nuestra mente descanse. Ocurre a través de la receptividad y no del esfuerzo. Los *bodhisattvas*, con toda su belleza, complejidad y ferocidad, nos ofrecen una forma de recibir la magia. Nos piden que mezclemos nuestras mentes con las suyas abriéndonos a ellos, contemplándolos o sintiendo cómo sería sentarse con ellos.

Por cierto, a menudo nos referimos a los *bodhisattvas* como «él» o «ellos», pero como poseen múltiples emanaciones –masculina, femenina, pacífica, iracunda (como se explica en el capítulo sobre las flechas de integración y desintegración)–, elijo utilizar el pronombre «ellos». Sus rostros y cuerpos pueden ser blancos (el color, no la raza), azules, rojos, amarillos o verdes. En una imagen, pueden estar sentados en un trono, con o sin consorte. Sus manos pueden expresar diferentes *mudras* (gestos rituales), ya sean de compasión, enseñanza, intrepidez u otros. Llevan diferentes atuendos, sostienen diferentes cosas en sus manos, e incluso pueden tener varias cabezas, por no hablar de brazos, ojos y demás. Cada detalle tiene un significado que refina y aclara aún más la esencia, que permanece inalterable. Podemos imaginar que también nos conectan con las sabidurías más profundas del eneagrama.

El *bodhisattva* de la tríada de poder: *Vajrapani*

El *bodhisattva* del poder es Vajrapani. Gobierna el reino de la intuición, o la tríada visceral. El Ocho, el Nueve y el Uno tienen una relación única con el poder entre los demás números del eneagrama. Su poder procede del conocimiento que reside en el cuerpo. Cada uno de nosotros posee esta forma de saber, como ya hemos dicho, pero para un tercio de nosotros es primordial. Si alguna vez has escuchado a alguien contarte una historia que no te cuadraba o has tenido que elegir entre varias opciones (por ejemplo, contratar a un nuevo compañero) y de repente has sabido cuál sería la mejor, has experimentado la inteligencia del instinto, o el saber que va más allá de los pensamientos o los sentimientos.

El *bodhisattva* de la tríada de la compasión: *Avalokiteshvara*

El *bodhisattva* de la compasión es Avalokiteshvara, e invoca la compasión en sus formas suave y feroz. Gobierna la tríada emocional de Dos, Tres y Cuatro. Aunque los seres (y sus necesidades) son innumerables, Avalokiteshvara no se intimida. Tiene algo para cada uno: así de vasta es su compasión.

Como ya se ha dicho, la compasión a menudo se confunde con ser buenos, pero esta es una visión muy incompleta. Claro, a veces compasión significa ser dulce y amable, pero otras veces la verdadera compasión se expresa mejor enfadándose o no haciendo nada. ¿Cómo saber qué es lo más compasivo? Por la voluntad de sentir lo que está presente dentro de ti, a tu alrededor y entre tú y el mundo. Si eres un Dos, Tres o Cuatro, tienes una capacidad única para hacerlo. Porque sabes sentir, sabes cuidar de una manera única.

Una vez recibí un correo electrónico de alguien que se iba enfadado de mi comunidad *online*, el Open Heart Project (Proyecto Corazón Abierto). Cuando empecé el OHP, no tenía ni idea de que llegaría a ser tan vibrante y grande, y que me exigiría tanto tiempo. Había sido un servicio gratuito, pero de repente se convirtió en mi trabajo a tiempo completo. Tuve que buscar una forma de ganar dinero o cerrarlo, así que envié un correo electrónico que decía algo así como: «En lugar de recibir tres vídeos de meditación míos cada semana, recibirás uno. Sin embargo, si te suscribes al Proyecto Corazón Abierto por 27 dólares al mes, continuaré inundándote con vídeos instructivos de meditación». En este punto había probablemente 5.000 personas en la lista del OHP (hoy son 20.000); el 97% no dijo nada (vale). Alrededor del 2,5% respondió con algo como: «Sí, genial, encantado de apoyar esto». (¡Gracias!). El otro 0,5% se puso furioso: «¿Cómo te atreves a cobrar por cosas espirituales, charlatana», etc. Uno de esos correos decía: «Creía que tú, Susan Piver eras seria, pero ahora veo que solo lo haces por dinero. Nos has engañado, y si alguien me pregunta, le diré que mi experiencia contigo ha sido ¡una mierda! Si esto hiere tus sentimientos, puedes ir a llorarles a tus amigos Oprah y Deepak».

Realmente hirió mis sentimientos. Quería enfurecerme con esa persona y contestarle exponiéndole todo tipo de puntos bien argumentados y fácilmente demostrables en mi defensa. «No lo hagas –me dije–. Borra esto y sigue a lo tuyo». No me hice caso y le respondí: «Tu correo ha herido mis sentimientos». Y terminé con algo así como: «Te deseo lo mejor en tu viaje», aunque, en ese momento, no era así para nada. Le di a enviar y pensé: «Vale, ya está».

En lugar de eso, recibí una respuesta inmediatamente: «Tú también has herido mis sentimientos. He llegado a depender de estas meditaciones, y no puedo pagar 27 dólares al mes».

Ahora estábamos llegando a alguna parte. «Has herido mis sentimientos» es muy diferente a «maldita perra». Aquí, la compasión se trataba de expresar la verdad de cómo cada uno se sentía. Cuando ella dijo que yo había herido sus sentimientos, me conmovió. Tal vez mi expresión de dolor hizo lo mismo con ella. En cualquier caso, adoptamos un tono más suave, y acabamos encontrando la manera de que siguiera siendo miembro de OHP sin estrés económico. Uno de los incontables brazos de Avalokiteshvara se alargó hacia ella y hacia mí para cortar la agresividad de cada una de nosotras.

El *bodhisattva* de la tríada de la sabiduría: *Mañjushri*

El *bodhisattva* de la sabiduría es Mañjushri. Sostiene todo lo relacionado con la comprensión más allá de la dualidad. La tríada mental es su dominio y gobierna no solo el aprendizaje de los libros, sino todo lo que se comunica. Puesto que todo comunica, se trata de una esfera bastante amplia. Lo que aprendemos no está integrado en aquello de lo que lo aprendemos. En otras palabras, el significado de una frase no está ni en las propias palabras ni en las sinapsis del cerebro. Hay una comunión mágica entre ambos que no se puede precisar. Por ejemplo, ¿dónde empieza (en mis palabras) y acaba (en tu comprensión) el sentido de este párrafo? No lo sé. Pero si eres un Cinco, Seis o Siete, dispones de una profunda capacidad para leer los comunicados que solo existen en el espacio.

Una vez tuve la suerte de ayudar a producir un audiolibro para la maestra budista Pema Chödrön. Pema se sentó en la cabina y leyó el manuscrito. De vez en cuando, interrumpía y le pedía que repitiera una palabra o frase. Luego se sentaba a mi lado y escuchábamos la reproducción. Una de las dos le decía al ingeniero de sonido algo así como: «Añade un espacio [es decir, un momento de silencio] ahí para que el oyente tenga más oportunidad de comprender», o: «Vamos a repetir la primera frase de la página seis porque no hemos vocalizado bien», y así sucesivamente. En algún momento me di cuenta de que estábamos cambiando de sitio cosas que en realidad no estaban ahí, pero que estaban completamente presentes. Este es el reino de Mañjushri.

Todos los puntos de la tríada mental tienen una relación especial con este reino y pueden discernir en cada comunicación lo que hay debajo (Cinco), detrás (Seis) o justo delante (Siete).

Ver los centros de la inteligencia de esta manera –más allá de los puntos de vista convencionales de instinto, emoción y racionalidad– revela que cada centro tiene una forma secreta de manifestarse, una conexión directa con una profunda capacidad espiritual que, cuando se reconoce y aprecia, revela una capacidad particular para la vigilia absoluta.

APÉNDICE D: Lecturas adicionales

The Enneagram… info from the underground (Web)
De todos los libros sobre el eneagrama, sitios web y fuentes sociales, este sitio web es el recurso al que siempre vuelvo. El hecho de que los autores sean anónimos solo lo hace más interesante. Rico, profundo y riguroso. Muy recomendable.

Ensayos sobre psicología de los Eneatipos
Claudio Naranjo
Ediciones La Llave
El padrino del eneagrama moderno. El texto es denso, pero si puedes aguantar, aprenderás mucho.

También de Claudio Naranjo: grabación de audio de su brillante visión sobre los veintisiete subtipos. Presentada en la International Enneagram Association Conference. Es brillante y es la fuente de material para básicamente todos los que han escrito desde entonces sobre los subtipos. No es fácil de encontrar, pero merece la pena.

El eneagrama en el amor y el trabajo
Helen Palmer
Editorial Neo-Person
Cofundadora de la brillante tradición narrativa del eneagrama, la contribución de Helen al eneagrama es incalculable. Aunque este libro tiene más de veinte años, sigue siendo fundamental y relevante.

De la fijación a la libertad
Eli Jaxon-Bear
Editorial El Grano de Mostaza
Una visión del eneagrama a través de la lente del Advaita o no-dualismo. Esta obra postula que el eneagrama es lo que tú no eres y elude cualquier sensación de confinamiento dentro del sistema.

On Becoming an Alchemist
Catherine Maccoun
Editorial Trumpeter
No trata sobre el eneagrama, pero es el mejor libro que he leído sobre cómo se produce realmente la transformación.

Eneagrama
Carmen Duran y Antonio Catalán
Editorial Kairós
Este libro apunta un enfoque más psicológico y un plus literario al detenerse en nueve personajes de la obra de Balzac que representan cada uno de los caracteres estudiados.

Agradecimientos

Escribir este libro me confundió más que cualquier otra cosa que haya intentado crear. Me hizo girar a cada paso hasta que no supe en qué dirección miraba; me perdí una y otra vez. Escribí como si supiera de lo que estaba hablando, pero, al releerlo, me daba cuenta de que no tenía ni idea de dónde venía lo escrito. No podía volver sobre mis pasos hasta ninguna fuente concreta de conocimiento. No habría seguido adelante sin la paciencia incansable, la amistad y profunda visión de mi compañera creativa, amiga y editora, Crystal Gandrud. Su confianza en esta obra (y en mí) me ha guiado hasta su finalización.

Gracias a la correctora Catriona Clarke por su buen trabajo (y por ser tan fan como yo de la película de Ang Lee *Sentido y sensibilidad*).

Jazmin Welch nos ofreció tantas posibilidades extraordinarias de diseño de portada que nos costó muchísimo elegir. Ojalá hubiéramos podido utilizarlas todas. Vio la energía invisible de esta obra y la ilustró a la perfección.

Mi amigo Josh Baran me enseñó mucho sobre el eneagrama; gran parte de las ideas de esta obra surgieron de conversaciones que hemos mantenido a lo largo de los años.

Lila Kate Wheeler me ofreció comentarios increíblemente generosos sobre este manuscrito. Su perspicacia personal y dhármica redondeó múltiples perfiles afilados.

Agradezco a Kabir Helminski su generosidad al hablar del eneagrama y del sufismo conmigo.

Claudio Naranjo tuvo la amabilidad de reunirse conmigo en su casa para hablar del *Budadharma* y del eneagrama. Qué suerte haber mantenido esa conversación…

Kristoffer Carter, Lisa Fehl, Jonathan Fields, Charlie Gilkey, Seth Godin, Jenna Hollenstein, Ethan Kalett, Christine Kane, Christopher Kilmer, Leanna Kristine, Jennifer Louden, Catherine MacCoun, Joel Marcus y Derek O'Brien me ofrecieron la amistad, la conversación y el aliento que todo escritor necesita para completar un libro.

Agradezco infinitamente a mis hermanos del *dharma*, Michael Carroll, Larry Mermelstein y David Nichtern, sus singulares voces docentes y que alentaran la mía.

Los siguientes miembros de la comunidad del Open Heart Project (Proyecto Corazón Abierto) tuvieron la amabilidad de sugerir preguntas para el apartado de «Preguntas frecuentes» de esta obra: Heather Shaw, Rebecca Spicuglia, Kyle Evan Wasserman y Lesley Younge.

Doy las gracias a mis maestros, Tulku Thondup Rinpoche y Samuel Bercholz, por su impecable guía exterior, interior y secreta.

Doy las gracias a las hermosas y heladas aguas de Barton Springs Pool en Austin, Texas, por los baños diarios al amanecer a lo largo de los años. Gran parte de este trabajo surgió bajo el agua.

El eneagrama budista surgió en el acto de escribirlo y, supongo, que con el apoyo de guías misteriosos. Les doy las gracias, a todos y cada uno, especialmente a mi desconocido amigo Anónimo, autor de *Meditations on the Tarot*.

Agradezco el interés permanente por este tema de mi querida comunidad en línea, el Open Heart Project. Su entusiasmo por este material está en el corazón de la inspiración que le dio origen.

Y también quiero dar las gracias a mi amor, Duncan Browne: nada existiría sin ti.